Gustav Keller

Disziplinmanagement in der Schulklasse

Unterrichtsstörungen vorbeugen –
Unterrichtsstörungen bewältigen

2., aktualisierte Auflage

Verlag Hans Huber

Adresse des Autors:
Dr. Gustav Keller
Eberhardstraße 26/2
DE-89073 Ulm
Gustav.Keller@t-online.de

Lektorat: Monika Eginger
Herstellung: Daniel Berger
Umschlag: Claude Borer, Basel
Druckvorstufe: ns prestampa sagl, Castione
Druck und buchbinderische Verarbeitung: AZ Druck und Datentechnik, Kempten
Printed in Germany

Bibliografische Information der Deutschen Nationalbibliothek
Die Deutsche Nationalbibliothek verzeichnet diese Publikation in der Deutschen Nationalbibliografie; detaillier-
te bibliografische Daten sind im Internet über http://dnb.d-nb.de abrufbar.

Anregungen und Zuschriften bitte an:
Verlag Hans Huber
Hogrefe AG
Länggass-Strasse 76
CH-3000 Bern 9
Tel: 0041 (0)31 300 45 00
Fax: 0041 (0)31 300 45 93

1. Nachdruck 2011 der 2., aktualisierten Auflage von 2010
© 2008/2010 by Verlag Hans Huber, Hogrefe AG, Bern
ISBN 978-3-456-84856-3

Inhaltsverzeichnis

Einleitung

Der am häufigsten anzutreffende Faktor, der zum Versagen eines Lehrers führt, ist seine Schwäche oder sein Unvermögen, die Disziplin im Klassenzimmer aufrechtzuerhalten.

Edwin M. Bridges

Disziplin ist ein Begriff, der im ersten Jahrzehnt des 21. Jahrhunderts eine Renaissance erfahren hat. Die Ursache liegt darin, dass es schwieriger geworden ist, ungestört zu unterrichten. Wo kleine Störungen sich häufen und große Störungen nicht mehr nur Ausnahme sind, werden Lehren und Lernen zum mühsamen, schlimmstenfalls sinnlosen Geschäft. Ohne das notwendige Maß an Disziplin kann es keinen wirksamen Unterricht geben.

In einer Schulklasse Disziplin herzustellen oder wiederherzustellen ist die schwierigste pädagogische Aufgabe. Auf diese werden Lehrerinnen und Lehrer in ihrer Ausbildung am wenigsten vorbereitet. Der Löwenanteil der Lehrerausbildungsstunden erstreckt sich auf die Methodik und Didaktik, nicht auf die Aneignung erzieherischer Kompetenzen.

Dieses Ausbildungsdefizit erstaunt, obwohl feststeht, dass Unterrichtsstörungen sich in allen bisherigen Lehrerbelastungsstudien als die gravierendsten Stressoren erwiesen haben. Ist eine Lehrperson ständig mit solchen Störungen konfrontiert, wird ihre Arbeit zur seelischen Schwerarbeit. Nach Studien des Arbeitsmediziners Müller-Limmroth (1993) ist der Stresshormonspiegel von Lehrerinnen und Lehrern besonders hoch.

Zu bedenken ist, dass Unterrichtsstörungen nicht nur die Lehrergesundheit beeinträchtigen, sondern auch die Wirksamkeit des Unterrichts. Durch Unterrichtsstörungen geht täglich sehr viel Lernzeit verloren. Der störungsbedingte Ausfall von Lernzeit ist um ein Vielfaches größer als der krankheitsbedingte Unterrichtsausfall.

Die Herstellung und Aufrechterhaltung von Unterrichtsdisziplin erfordert ein professionelles pädagogisches Handeln. Ich bezeichne es als Disziplinmanagement in der Schulklasse. Erstens versteht man darunter die Fähigkeit, Unterrichtsstörungen differenziert wahrzunehmen und vor dem Hintergrund eines fundierten Erklärungswissens zu analysieren. Zweitens gehört zum Disziplinmanagement die Befähigung zum angemessenen Reagieren in Störungssituationen. Drittens muss die Lehrperson wissen, wie durch systematische Prävention Unterrichtsstörungen wirksam vorgebeugt werden kann.

Disziplinmanagement, dies sei am Beginn unmissverständlich verdeutlicht, ist keine Rückkehr zur Kasernenhofpädagogik. Es ist das engagierte Bemühen der Schule und der einzelnen Lehrperson, eine hilfreiche Ordnung und Atmosphäre zu schaffen, in der Lernen möglich ist.

Mit dem vorliegenden Buch möchte ich Lehrerinnen und Lehrer dazu anleiten, wie sie Unterrichtsstörungen diagnostizieren, bewältigen und verhindern können. Es basiert auf jahrzehntelangen Schulerfahrungen und auf pädagogisch-psychologischen Erkenntnissen.

Ich hoffe, liebe Leserinnen und Leser, dass ich Ihnen das tägliche Disziplinmanagement erleichtern helfen kann. Gehen Sie mit viel Mut und Geduld an diese schwierige pädagogische Kernaufgabe. Auch in diesem Bereich ist der Fortschritt kein Känguru, sondern eine zielorientierte Schnecke.

1 Das Klagelied vom undisziplinierten Schüler

Die heutige Jugend ist von Grund auf verdorben, sie ist böse, gottlos und faul.

Babylonische Tontafel (ca. 1000 vor Christus)

Seit dem Beginn der Schulgeschichte vor 5000 Jahren steht die Disziplin der Schülerinnen und Schüler in der Kritik (Keller 2005 a). Es wird bemängelt, dass sie sich im Unterricht unmotiviert, unkonzentriert und störend verhalten. Im Folgenden wird Kulturepoche für Kulturepoche aufgezeigt, wie die Erwachsenen die Unterrichtsdisziplin jeweils wahrgenommen und erlebt haben. Die Recherchen beginnen in den ersten Schulhäusern der Menschheit und enden in der Jetztzeit.

Mesopotamien

Die Schule als gesellschaftliche Institution wurde um das Jahr 3000 v. Chr. in Sumer gegründet. Die Gründerväter waren Kaufleute, Baumeister und Landvermesser, die schlicht und einfach keine Zeit mehr hatten, ihren Kindern und Jugendlichen das nötige Kulturwissen zu vermitteln.

Die Schüler schrieben mit keilförmigen Griffeln auf Tontafeln. Die ersten Schulhäuser hießen deshalb Tafelhäuser, die Lehrer Väter des Tafelhauses. Es handelte sich um eine Knabenschule, die vom 9. bis 14. Lebensjahr besucht wurde. Auf dem Lehrplan standen Lesen, Schreiben, Rechnen, Zeichnen und Religion. Die Tafelhausliteratur, auf circa 20 000 Tontäfelchen aufgezeichnet, enthält relativ viel Schul- und Schülerkritik. Geklagt wird über schlechte Schrift, Lernrückstände und schlechtes Betragen. Vor allem die Disziplinlosigkeit beunruhigte und stresste manche Eltern so stark, dass sie nachts nicht mehr schlafen konnten.

Altes Ägypten

Die Schule im alten Ägypten wurde Pharaos Unterrichtsstall genannt. Kernfächer waren das Lesen und Schreiben von Hieroglyphen sowie die Mathematik. Die überlieferten Papyri enthalten auch Informationen über den pharaonischen Schulbetrieb, die Schulleistungen und das Schülerverhalten. Der Tenor der Schülerbilder ist eher negativ. An Fehlverhaltensweisen werden genannt: Disziplinschwierigkeiten, Gewalt und Aggression sowie das Schuleschwänzen. Darüber hinaus wird auch angemerkt, dass die Jugendlichen das Bier mehr lieben als die Papyri.

Abweichendes Schülerverhalten versuchte man zum einen mit Ermahnungen zu bekämpfen: «Verlier deine Zeit nicht mit Wünschen, sonst wirst du zu einem bösen Ende kommen.» Zum anderen wurde auch geprügelt. In einem Lehrerleitfaden steht lapidar: «Die Ohren des Jugendlichen sind auf dem Rücken angebracht. Er hört zu, wenn man ihn schlägt.» Dies schien kurzzeitig Wirkungen gezeitigt zu haben. Reumütig schrieb ein Schüler seinem Lehrer: «Du schlugst meinen Rücken und deine Belehrungen gingen in mein Ohr.»

Dass die pädagogische Arbeit ein schwerer Job ist, scheint den altägyptischen Lehrern recht bald bewusst geworden zu sein. Die folgende Klage zeugt davon: «… Affen werden gezähmt, Pferde schneller abgerichtet und Löwen eher gebändigt als ein Schüler belehrt wird.»

Altes Griechenland

Die Schüler in Athen lernten Lesen, Schreiben, Rechnen, Musizieren, Gedichte rezitieren und Sport. Der Lehrplan in Sparta war knapper bemessen. Er beschränkte den Wissenserwerb auf Lesen, Schreiben, Rechnen und Kampfsport, schließlich sollten die Schüler tüchtige Krieger und nicht Philosophen werden.

Schüler- und Lehrerkritik gab es zuhauf. Aristophanes bezeichnete die jungen Athener als verweichlicht und verwöhnt. Sie hätten nichts mehr mit den großen Marathonkämpfern gemein. Beim Waffentanz könnten sie nicht einmal mehr das Schild ordentlich führen. Das einzig Hervorstechende an ihnen sei das große Mundwerk. Sie schwänzten häufig die Schule. Die Unterrichtsdisziplin lasse sehr zu wünschen übrig.

Die Unzufriedenheit der athenischen Eltern mit der Schule war manchmal so groß, dass sie die Lehrer darum baten, härter durchzugreifen. So auch die Mutter des stinkfaulen und verhaltensauffälligen Schülers Kokkalos. Ihrer Bitte entsprach Klassenlehrer Lampriskos so: «Wo ist das scharfe Leder, mein Ochsenziemer, mit dem ich die Widerspenstigen, Gefesselten schlage? Man gebe ihn mir, bevor mein Zorn platzt.» Kokkalos fügte sich dem Schicksal und verlangte lediglich eine mildere Sanktion: «Nein, ich fleh' dich an, Lampriskos … nicht das scharfe! Nimm das andere, mich zu schlagen!»

Auf die Frage nach dem Grund der zunehmenden Lern- und Verhaltensprobleme fand Plato eine gesellschaftspolitische Antwort. Durch die Demokratisierung sei die Gehorsamsbereitschaft der Kinder gegenüber Elternhaus und Schule verloren gegangen. «Der Lehrer fürchtet unter solchen Verhältnissen die Schüler und schmeichelt ihnen, die Schüler achten Lehrer und Erzieher geringer.» Bei diesen Überlegungen vergaß Plato wohl, dass im autokratischen Sparta trotz militärischer Schulzucht ähnliche Klagelieder gesungen wurden.

Altes Rom

Das römische Schulsystem war dem der Griechen sehr ähnlich, denn die Lehrerschaft bestand großenteils aus Griechen. Nach der «Grundschule» besuchten die jungen Römer eine weiterführende Schule, in der sie Grammatik, Literatur, Griechisch, Geschichte, Astronomie, Philosophie und Musik lernen mussten.

Klagelieder über schlechtes Schülerverhalten wurden genauso häufig gesungen wie in Griechenland. Ein Magister beklagte sich darüber, dass die Schüler zum Schulgebäude, einer Pergola, viel zu oft hinausschauten, statt dem Unterricht zu folgen. Selbst das Aufstellen von Blenden durch die Stadtverwaltung wirkte nicht konzentrationsfördernd. Die Schüler blickten dann in den Himmel und wendeten ihre Aufmerksamkeit den Vögeln zu. Immer wieder musste auf Faulheit und Fehlverhalten mit Stockschlägen und Peitschenhieben reagiert werden. Übrigens hieß Zur-Schule-Gehen: manum ferulae subducere (die Hand für die Peitsche hinhalten).

Dieses Disziplinieren und Sanktionieren scheint die antiken Lehrer sehr gestresst zu haben. Davon zeugt der Grabstein des Grammatikus P. Attilius Septiciamus, auf dem geschrieben steht: «Den Krankheiten und übergroßen Übeln des Lebens bin ich entkommen. Ich kenne keine Strafen mehr, ich genieße Ruhe und Frieden.»

In der Endphase des Römischen Reiches zeichnete der berühmte Rhetoriklehrer Libanios ein Schülerbild, das nicht erfreulich ist:

«Stellen Sie sich bloß einmal vor, mit welcher Geschwindigkeit die Schüler zum Unterricht kommen: Statt sich gegenseitig an Eile zu übertreffen, um ja nichts vom Lehrervortrag zu vermissen, trällern sie die neuesten Hits und bleiben unter Geschwätz und Gelächter immer wieder stehen, bis sogar unbeteiligte Zuschauer ihre Langsamkeit tadeln... Aber damit noch nicht genug: Selbst während des Unterrichts gehen die Ungehörigkeiten weiter! Da werden Zeichen hin und her ausgetauscht über die Stars unter den Schauspielern und Sportlern. Einige Schüler sitzen regungslos da mit übereinander geschlagenen Armen und geschlossenen Augen – man könnte sie glatt für Statuen halten! ... Einige bohren ungeniert mit beiden Händen in der Nase, einige schauen einfach aus dem Fenster oder platzen damit heraus, was ihnen grade durch den Kopf geht. Was waren das dagegen für Schüler, die früher bei mir ihre geistige Nahrung suchten! .... Drei oder vier Tage lang beschäftigten sie sich mit nichts anderem als meinem Unterrichtsvortrag, zu Hause und vor allem hier in der Schule. Heute aber wenden sich die Schüler gleich nach der Stunde wieder den neuesten Hits zu.... Wird dann einer gefragt, ob ich meinen Unterricht gehalten habe und mit welchem Thema, dann wird er den ersten Teil der Frage gerade noch so beantworten können, den zweiten aber sicher nicht mehr.»

Nicht minder negativ sah das spätrömische Schülerbild des heiligen Augustinus aus. Er bezeichnete den Großteil der Schülerschaft als zuchtlos, roh, unverschämt und zerstörerisch.

Mittelalter

Lange Zeit gab es im Mittelalter nur die Kloster- und Domschulen, in denen Latein Unterrichtssprache war und der Lehrplan weitgehend dem römischen glich. Erst im späten Mittelalter bildete sich ein neues Schulwesen heraus. Zum einen handelte es sich um Stadt- und Ratsschulen, zum anderen um Winkel- und Klippschulen, in denen nur das Allernötigste (Lesen, Schreiben, Rechnen) vermittelt wurde. Zieht man aus den vielen Quellen das Fazit, so fällt das Schul- und Schülerbild der Erwachsenen negativ aus. Karl der Große klagte über die Faulheit und das schlechte Benehmen seiner Aachener Palastschüler. In der St. Gallener Klosterschule reichte das Spektrum der Fehlverhaltensweisen von Unaufmerksamkeit bis zum Niederbrennen des Klosters aus Rache an einem Lehrer. Die Vaganten, umherziehende ältere Schüler, machten die mittelalterlichen Städte unsicher. Sie fielen auf durch Saufereien, üble Streiche und Randale. Der Dominikanermönch Dominici bezeichnete die mittelalterlichen Schulen als Orte, an denen sich «eine Menge bösartiger, liederlicher Personen zusammenfindet, die zur Übelkeit sogleich bereit und schwer zu kontrollieren sind.»

Die Verhaltensprobleme waren während des gesamten Mittelalters ein ständiges Klagelied der Erwachsenen. Und dies, obwohl die mittelalterliche Schulordnung außerordentlich streng war. Die Lehrer prügelten oft so brutal, dass in der Wormser Schulordnung von 1260 darum gebeten wurde, beim Züchtigen außerordentliche Verletzungen wie Wunden oder Knochenbrüche zu vermeiden.

Frühneuzeit

Im Verlaufe der Frühneuzeit bahnte sich ein Wandel von der Domschule zur Schule für das Volk an. Zum einen meinte Luther, dass alle Menschen zur Schule gehen müssten, um die Bibel selbst lesen zu können. Deshalb rief er 1524 zur Gründung von öffentlichen Schulen auf, was in Württemberg am schnellsten Anklang fand – in Form der Württembergischen Schulordnung von 1559. Zum anderen machte sich die Erkenntnis breit, dass Berufsfertigkeiten nicht mehr allein am Arbeitsplatz vermittelbar sind, sondern einer schulischen Vorbereitung bedürfen.

In den kirchlichen und weltlichen Schulen erregten schlechte Leistungen und Fehlverhaltensweisen die Gemüter der Lehrer und Gelehrten. Melanchthon stellte den Schülern seiner Zeit folgendes Zeugnis aus: «Sie haben keine Lust zu lernen, kein Ehrgefühl, keinen Gehorsam. Wahrlich ein Kamel tanzen oder einen Esel das Lautenschlagen lehren, wäre erträglichere Mühe.» Die Berichte der Schulvisitatoren waren voller Klagen. Das Schulregime begegnete dem Problem mit einem drakonischen Strafsystem. Die Lehrer wurden aufgefordert, so zum Beispiel in der Weimarer Schulordnung von 1670, sich des Strafens nicht zu schämen.

Auf das abweichende Schülerverhalten reagierte man mit harten Sanktionen, die aber offensichtlich nur kurzfristig wirkten. Wie und in welchem Maße sanktioniert wurde, geht aus dem Tagebuch des oberschwäbischen Schulmeisters Jakob Häuberle hervor, der sein fünfzigjähriges Lehrerleben und seine Strafen dokumentierte: «911 527 Stockschläge, 124 010 Rutenhiebe, 20 989 Pfötchen und Klapse mit dem Lineal, 136 715 Handschmisse, 10 235 Maulschellen, 7905 Ohrfeigen, 1 115 800 Kopfnüsse und 22 763 Notabenes mit Bibel, Katechismus, Gesangbuch und Grammatik. 777-mal hat er Knaben auf Erbsen knien lassen und 613-mal auf dreieckiges Holz; 5001 mussten

Esel tragen und 1707 die Rute hoch halten.... Unter den Stockschlägen sind ungefähr 800 000 für lateinische Vokabeln, und unter den Rutenhieben 76 000 für biblische Sprüche und Verse aus dem Gesangbuch.» (Raumer 1889, S. 241 f.).

19. Jahrhundert

Im 19. Jahrhundert hatte sich die Schulpflicht weitgehend durchgesetzt. Das Schulwesen war differenzierter geworden. Die Skala der Schulformen reichte von der Volksschule bis hin zu Berufsschulen. Die Schule war eine Drill- und Paukschule. Die strenge Kontrolle des Lernens und Verhaltens verhinderte Fehlentwicklungen und Lerndefizite nicht. Die Leistungen der Schüler wurden sehr negativ beurteilt, ebenso das Sozialverhalten. Im Jahre 1816 beklagte das Frankfurter Polizeiamt das aggressive und gewalttätige Verhalten der Schüler.

Es kam auch immer wieder vor, dass sich Schülergewalt gegen Lehrpersonen richtete. Im Jahre 1887 schossen vier Jugendliche im thüringischen Bodenrode auf einen Lehrer und verletzten ihn schwer. Am 18. November 1894 entging ein Lehrer in der Stadtschule Preussisch-Friedland nur knapp einem Attentat.

Der Schulbesuch war trotz der Schulpflicht alles andere als regelmäßig. Nicht selten geschah es, dass an einem Schultag die Schwänzerquote höher war als die Präsenzquote.

Die Schüler des 19. Jahrhunderts entsprachen keineswegs den Normen der ideal klingen Schulordnungen, die ihnen immer wieder nahe gelegt wurden. Sie ähnelten eher den bösen Buben, wie sie von Wilhelm Busch in Gestalt von Max und Moritz gezeichnet und beschrieben wurden, oder dem hyperaktiven Zappelphilipp und dem Faulpelz Bastian in den Kindermärchen des Frankfurter Nervenarztes Dr. Heinrich Hoffmann.

Die Disziplinschwierigkeiten produzierten auch den Lehrerstress. Am 17.11. 1867 schrieb der Lehrer Kühle an seine Vorgesetzten: «Hiermit möchte ich Sie in Kenntnis setzen, dass mir gestern Abend aufs Neue das Blut ausgebrochen ist und ich auch heute nicht im Stande bin, Unterricht zu erteilen. Ich gebe nichts anderem die Schuld als dem Schulehalten, denn während der Ferien war es mir wohl.»

20./21. Jahrhundert

Die Schule der Jetztzeit ist eine der wichtigsten gesellschaftlichen Institutionen. In der Schule wird eine hoch entwickelte Kultur weitergegeben. Außerdem ist die Schule zum zentralen Verteiler von Lebenschancen geworden. Im Vergleich zu vergangenen Epochen ist die pädagogische Arbeit stark professionalisiert. Die modernen Gesellschaften lassen sich den Kulturerhalt einiges kosten. Die Schüler werden mit wissenschaftlichen Argusaugen beobachtet. Schließlich steht und fällt der Kulturerhalt mit dem Schulerfolg. Was an der Schule kritisiert wird, ähnelt verblüffend der Schulschelte vergangener Kulturepochen. Neu ist nur die Sprache, nicht der Kerngehalt der Kritik. Was früher volkssprachlich ausgedrückt wurde, erscheint immer häufiger im Gewand der pädagogisch-psychologischen und medizinischen Fachsprache. Ganze Forschungsgruppen und Institute beobachten seismographisch genau das Vulkangebiet Schule.

Am Beginn des 20. Jahrhunderts, mitten in der wilhelminischen Zeit, achtete man sehr darauf, dass das Schülerverhalten den Vorstellungen von Zucht und Ordnung entsprach. Denn die Staatsphilosophie ging davon aus, dass die Schule, die auch als Vorschule der Kaserne bezeichnet wurde, den disziplinarischen Grund legt, auf dem der Staat und das Heer aufbauen. Der wilhelminische Schuldrill scheint aber nur eingeschränkt wirksam gewesen zu sein. Die Schüler verletzten genauso häufig die Normen der Schuldisziplin wie in den Jahrhunderten zuvor. Es gab nicht nur epidemisch verbreitete Unterrichtsstörungen, sondern auch schlimme Gewaltereignisse. So tötete im Jahre 1906 ein Meidericher Volksschüler den Lehrer Lukas, indem er ihm eine Bleikugel auf den Kopf schlug. Und schließlich gab es auch große Suchtprobleme. Exemplarisch hierfür ist der Bericht eines Kölner Lehrers: «Durch auffallende Schläfrigkeit und geistige Trägheit meiner Schulneulinge veranlasst, stellte ich kürzlich montags Nachforschungen unter den sechsjährigen (!) Knaben an: Von den 54 Schülern waren 19 am Sonntag vorher im Wirtshaus gewesen; 20 hatten Wein, 24 Bier, 29 Schnaps getrunken; 8 hatten sich erbrechen müssen.»

Mitte der fünfziger Jahre stellte der Psychologe Karl Friedrich Mierke (1957, S.6) fest, «dass gegenwärtig über ein allgemeines Absinken der Konzentrationsfähigkeit und über ein auffallendes Anwachsen der Konzentrationsschwäche in den Schulen geklagt wird».

In den sechziger Jahren führte der Pädagoge Hans-Christian Thalmann (1964) eine viel zitierte Studie über Verhaltensstörungen im Grundschulalter durch, nach deren Ergebnissen die damaligen Grundschulkinder folgendermaßen kategorisiert wurden:

symptomfrei	22 %
leicht symptombelastet	29 %
mäßig symptombelastet	29 %
stark belastet	19 %
Anstaltsfälle	1 %

Mitte der siebziger Jahre bewertete Hartmut von Hentig (1975) das Verhalten der Schulkinder sehr negativ und besorgniserregend: «Die heutigen Kinder sind ganz offensichtlich die Kinder ihrer Zeit und ihrer Umwelt, sie sind ihr entlarvendster Spiegel. Sie sind nicht nur nervös, ungeordnet …, vital ‹gestört› – sie terrorisieren einander, sie streiten sich ununterbrochen …, sie vandalisieren das Gemeingut, sie sind weitgehend unfähig, anderen und sich selbst Freude zu bereiten, sie scheinen unfähig, tiefere anhaltende Beziehungen zu Menschen oder Sachen einzugehen – und sie müssen ununterbrochen schreien … Mein Erschrecken darüber war so groß, dass ich nicht glauben wollte, dass ‹Kinder›, ‹heute› ‹so sind›» (S. 32 f.).

Der Kinderpsychiater Christoph Steinhausen (1982) beklagte am Beginn der achtziger Jahre das starke Ansteigen von Konzentrationsstörungen. Er zog hierzu ein alarmierendes Fazit: «Mangelnde Konzentration, motorische Unruhe und ungesteuertes Verhalten gehören heute zu den häufigsten Klagen von Eltern und Lehrern und führen eine nicht unbeträchtliche Zahl von Kindern in die Sprechstunde von Ärzten und anderen Beratern. Neu an dieser Klage ist weniger die Tatsache als solche, als vielmehr die Intensität und Häufigkeit, mit der die Klage vorgebracht wird» (S. 11.).

Ende der achtziger Jahre widmete sich der SPIEGEL der Analyse des Schülerverhaltens. In der 1988 erschienenen Cover-Story wurde die Schule als Tollhaus bezeichnet: «Bei den Schülern, da sind sich Lehrer, Eltern und Psychologen einig, sinkt die Fähigkeit zur Konzentration, steigt die Angriffslust, fehlen die Geduld und die Lernbereitschaft, erlahmt das Interesse am Unterricht. In Umfragen bestätigen Pädagogen bundesweit, dass Krawalle und Clownerien, Aggression und Apathie in den Klassenzimmern kräftig zunehmen.» (SPIEGEL, Nr. 15, 1988, S. 28).

Zum gleichen Zeitpunkt führte die Regensburger Erziehungswissenschaftlerin Maria Fölling-Albers (1992) die viel beachtete Studie «Schulkinder heute» durch, um die Auswirkungen der veränderten Kindheit auf Unterricht und Schulleben zu eruieren. Aus der breit angelegten Befragung ging hervor, dass aus Lehrersicht zwei Drittel der Kinder ichbezogener und weniger rücksichtsvoll seien.

Im letzten Jahrzehnt des 20. Jahrhunderts geriet das Schülerverhalten noch stärker in die Kritik. Der STERN stellte 1993 (Nr. 35, S. 25) fest, dass die Schule zum «Albtraum für Schüler, Lehrer und Eltern» geworden sei. Im Fachmagazin PSYCHOLOGIE HEUTE (1993, Nr. 2, S. 58 ff.) war im selben Jahr zu lesen, dass im Klassenzimmer aufgerüstet wird und Gewalt Schule macht. Der SPIEGEL kam 1995 zum Schluss: «Noch nie ist es für Eltern und Lehrer so schwierig gewesen, aus Kindern Erwachsene zu machen.» (SPIEGEL, 1995, Nr. 9, S. 40).

Im ersten Jahrzehnt des 21. Jahrhunderts setzten sich die Negativdiagnosen fort. Angesichts der schwierigen Disziplinsituation bezeichnete der FOCUS (2001, Nr. 15, Titelseite) den Lehrerberuf als Höllenjob. Im Jahr 2006 sendete das Kollegium der Berliner Rütli-Hauptschule einen Hilferuf an die Schulverwaltung. Es beklagte die gravierende Disziplinlosigkeit der Schülerinnen und Schüler: «Unsere Bemühungen, die Einhaltung der Regeln durchzusetzen, treffen auf starken Widerstand der Schüler/innen. Diesen Widerstand zu überwinden wird immer schwieriger. In vielen Klassen ist das Verhalten im Unterricht geprägt durch totale Ablehnung des Unterrichtsstoffes und menschenverachtendes Auftreten. Lehrkräfte werden gar nicht wahrgenommen, Gegenstände fliegen zielgerichtet gegen Lehrkräfte durch die Klassen, Anweisungen werden ignoriert.»

Der Rütli-Fall löste bundesweit Betroffenheit aus und stieß eine Diskussion über die Schuldisziplin an. Im selben Jahr erschien Bernhard Buebs Buch «Lob der Disziplin». Der langjährige Leiter der Internatsschule Salem zeichnete ein düsteres Verhaltensbild. Hauptursache der epidemischen Fehlentwicklung ist für ihn, dass die Kinder und Jugendlichen nicht mehr erzogen werden, sondern nur noch aufwachsen. Deshalb plädierte er vehement für «vorbehaltlose Anerkennung von Autorität und Disziplin» (Bueb 2006, S. 11).

Am Ende dieser kurzen Reise durch die Schulgeschichte kann festgestellt werden, dass es ein Schulparadies nie gegeben hat. Die Schülerinnen und Schüler scheinen seit 5000 Jahren Probleme zu haben mit der Schuldisziplin, so wie sie jeweils von den Erwachsenen normativ festgelegt wird. Dies zu wissen kann durchaus tröstlich sein. Andererseits ist es aber auch nicht richtig, gelassen abzuwarten, ob aus Chaos irgendwann einmal Ordnung wird. Denn Kinder und Jugendliche haben ein Recht darauf, ungestört und wirksam zu lernen.

Zum Nachdenken

Ein Hirsch, der weit über hundert Jahre alt war, sagte zu einem seiner Enkel: «Ich kann mich noch sehr gut an die Zeit erinnern, als der Mensch das donnernde Feuerrohr noch nicht erfunden hatte.»

«Was muss das für uns Hirsche eine glückliche Zeit gewesen sein!» seufzte der Enkel. «Das ist ein voreiliger Schluss», sagte der alte Hirsch. «Die Zeit war anders, aber nicht besser. Der Mensch hatte anstatt des Feuerrohrs Pfeile und Bogen. Und wir waren genauso schlimm dran wie heute auch!»

Gotthold Ephraim Lessing

2 Die Notwendigkeit der Disziplin

Ohne Regeln und Vorschriften gäbe es keine Sprache, keine Spiele, kein Gemeinwesen, keine Beziehungen.

Rolf Werning

Die Schule ist ein Ort gemeinsamen Lehrens und Lernens. Sie hat den gesellschaftlichen Auftrag, die Heranwachsenden zu qualifizieren und ihre Persönlichkeitsentwicklung zu fördern.

Circa 15 000 Stunden dauert es durchschnittlich, bis Schülerinnen und Schüler den Lernort Schule verlassen. Die Erwartungsträger der Schule gehen davon aus, dass die erworbenen fachlichen und fachübergreifenden Qualifikationen eine erfolgreiche Aus- und Weiterbildung ermöglichen.

Zentrum der Schule ist der Unterricht. Dort werden systematisch und zielgerichtet Wissen und Kompetenzen vermittelt. Ihre Aneignung ist ein komplizierter psychophysischer Prozess, der in hohem Maße störanfällig ist. Damit er Lernen bewirkt, sind viel Aufmerksamkeit, Motivation, positive Emotion und Denken vonnöten. Erläutert die Lehrperson einen Sachverhalt oder arbeitet eine Schülergruppe gerade an einer Problemlösung, genügt der Wutausbruch eines Störers, um in der Mehrzahl der Schülerhirne Lern- und Denkblockaden zu erzeugen. Unterrichtsstörungen können im Verlauf einer Unterrichtsstunde so stark akkumulieren, dass der Lernertrag gleich null ist. Schätzungsweise 35 % der schuljährlichen Unterrichtszeit werden in den Sand gesetzt, weil Störungen Lernen verhindern.

Damit Lehren und Lernen stattfinden können, ist Disziplin notwendig. Diese Prämisse kann falsche Saiten anklingen lassen. Mit Disziplin kann assoziiert werden: Unterwerfung, Gehorsam, Gleichschritt, Drill, Zucht. Eine so verstandene Disziplin in der Schule zu verwirklichen, wäre eine Rückkehr zur Kasernenhofpädagogik, wie sie im ersten Kapitel beschrieben worden ist. Diese Disziplin meine ich nicht und erstrebe ich nicht. Unter Disziplin soll eine hilfreiche Ordnung verstanden werden, die gemeinsames und wirksames Lernen ermöglicht. Konkret heißt dies, dass die Schülerinnen und Schüler aufmerksam sind, sich achtsam zueinander verhalten, zuhören, nicht dazwischen rufen, Lernwillige lernen lassen, mitarbeiten, das Recht auf seelische und körperliche Unversehrtheit respektieren und Kritik konstruktiv äußern. Eine so verstandene Disziplin ist kein Selbstzweck, sondern eine wohltuende lernförderliche Unterrichtsstruktur.

Obwohl Schülerinnen und Schüler Unterrichtsstörungen phasenweise unterhaltsam finden oder in der aktiven Rolle des Störenden Lust empfinden, sind sie mehrheitlich an einer äußeren Ordnung interessiert. Dies geht aus Befragungsstudien und Klassengesprächen deutlich hervor. Nicht selten fordern sie von den Lehrpersonen mehr Grenzziehung, Steuerung und Konsequenz. Sie haben, wie es der Psychotherapeut Eric Berne (2001) einmal ausgedrückt hat, einen Strukturhunger. Konkret heißt dies, dass sie als neugiermotivierte Wesen etwas lernen möchten, und zwar in einer sicheren und geregelten Lernumwelt.

Zum Nachdenken

Ordnung führt zu innerer Sammlung. Sie stärkt die Person des Schülers und die des Lehrers: Klare Ordnung des täglichen Tuns im Unterricht, der Dinge im Klassenzimmer, der Tätigkeiten im Lauf des Schultags, des Wechsels zwischen Denken und Handeln, Schreiben, Sprechen, Zuhören, Lesen, Einzelarbeit, Partnerarbeit, Kreisgespräch, Freiarbeit. Besser als nur zur Ordnung zu ermahnen, ist es: Ordnungen einzuüben. Statt Kinder zu disziplinieren, ihnen zu Disziplin zu verhelfen. Es geht um Ordnungsformen unter moralischen Maximen: Aufeinander Rücksicht nehmen, einander helfen, sich selbst «zusammennehmen».

Kurt Singer

3 Erscheinungsformen von Unterrichtsstörungen

Mit Störungen in der Klasse kann vieles gemeint sein.

Hans-Peter Nolting

Unterrichtsstörungen sind unterschiedliche Formen abweichenden Verhaltens, die das Lehren und Lernen mehr oder weniger stark beeinträchtigen.

Eine objektive Definition dessen, was als Unterrichtsstörung bezeichnet werden kann, ist nicht immer möglich. Ob der Unterricht jetzt gerade gestört wird, hängt natürlich auch von der Situationsauffassung und Bewertung des Lehrers ab. Eine Äußerung wie zum Beispiel «Da blicke ich nicht durch», kann vom Lehrer X als dankbarer Hinweis zur Stoffwiederholung und vom Lehrer Y als unerlaubter Zwischenruf aufgefasst werden. Jenseits dieses subjektiven Ermessens- und Toleranzspielraumes gibt es jedoch Ereignisse wie das andauernde Schwätzen mit dem Banknachbarn, die den Unterrichtsprozess eindeutig stören und den Lernerfolg der Mitschüler gefährden.

Wer sich mit Unterrichtsstörungen befasst, sollte auf eine differenzierende Beschreibung achten. Geht man von schulpsychologischen Erkenntnissen und Beobachtungen aus, lassen sich sechs typische Erscheinungsformen unterscheiden:

Akustische Störungen

- Schwätzen mit dem Banknachbarn
- Zwischenrufe
- Summen, Singen
- Schreien, Grölen
- Handy
- Uhrenalarm

Motorische Störungen

- Schaukeln
- Zappeln
- mit Arbeitsmitteln spielen
- mit dem Stuhl kippeln
- Herumlaufen

Aggressionen

- Mitschüler verbal provozieren
- Mitschüler körperlich angreifen
- fremde Sachen wegnehmen
- Sachen beschädigen, zerstören
- Wutausbruch
- Lehrer verbal angreifen
- Lehrer körperlich angreifen

geistige Abwesenheit

- stofffremde Arbeiten erledigen
- zum Fenster hinausschauen
- Tagträumen
- Schlafen

Verweigerung

- fehlende Unterrichtsmaterialien
- Unerledigte Arbeitsaufträge
- fehlende Hausaufgaben
- Mitarbeitsverweigerung
- Zuspätkommen

Verstöße gegen die Hausordnung

- Essen

- Trinken

- Beschmutzen

Obwohl nicht von Schülerinnen und Schülern verursacht, können auch Ereignisse aus dem Außenbereich des Klassenzimmers sehr störend wirken. Beispiele für diese externen Störungen sind Baulärm, Fluglärm, Verkehrslärm, Lärm aus einem anderen Klassenzimmer, Sirenengeheul, Lautsprecherdurchsagen.

Welche dieser unterschiedlichen Störformen als besonders störend erlebt werden, ist bisher erstaunlich selten empirisch untersucht worden. Ein paar Erkenntnisse findet man in Manfred Tückes (2005, S. 408 f.) «Psychologie in der Schule – Psychologie für die Schule». Danach fühlen sich Lehrpersonen besonders gestört, wenn Schülerinnen und Schüler miteinander streiten. Aus der Schülerperspektive werden akustische Störungen als besonders unangenehm empfunden.

Fallbeispiele

Sven, ein Drittklässler, ist schnell ablenkbar. Wenn er ein Geräusch hört, schaut er sofort hin. Er lenkt auch andere immer wieder ab und verwickelt sie in Gespräche. Er ist motorisch unruhig – er zappelt und schaukelt öfters auf dem Stuhl. Stellt die Lehrerin eine Frage, platzt er mit seiner Antwort heraus. Am Beginn von Stillarbeiten fragt er nach, was gemacht werden soll, weil er beim Arbeitsauftrag unaufmerksam war.

Petra ist eine stille Fünftklässlerin. Sie wirkt zunächst ruhig und unauffällig. Dass ihr Verhalten dennoch ein Problem ist, erfährt man erst, wenn man sie aufruft. Sie war mit ihren Gedanken irgendwo anders. Sie war auf Tournee mit Tokio Hotel. Einen neulich gesehenen Film hat sie in ihrem inneren Kino nochmals Revue passieren lassen. Auch der Ehestreit ihrer Eltern ging ihr durch den Kopf. Obwohl körperlich anwesend, ist sie geistig abwesend.

Marcus ist Schüler der Klasse 7 einer städtischen Hauptschule. Leistungsmäßig gehört er zu den Schwächeren. Und vom Großteil der Klasse wird er abgelehnt. Sein Verhalten ist im Verlauf dieses Schuljahres immer auffälliger geworden. Er spielt den Klassenclown, gibt mit Absicht dumme Antworten, gibt Tierlaute von sich, rülpst und furzt. Bisherige Maßnahmen wie Tadeln,

Ermahnen, Strafarbeiten, Einträge und ein schriftlicher Verweis haben allerhöchstens Teilerfolge erzeugt. Marcus fällt rasch wieder ins alte Fehlverhalten zurück.

Tom, 17 Jahre alt, besucht die zweijährige gewerblich-technische Berufsfachschule. Leistungsmäßig gehört er zum mittleren Drittel. Im Verlauf dieses Schuljahres ist er den meisten Lehrerinnen und Lehrern zum Ärgernis geworden (Ausnahme: Technologie- und Computertechniklehrer). Es kommt immer wieder vor, dass er zu spät aus der Pause zurückkehrt. Rügt man ihn deswegen, wird er patzig («Ich habe keine Atomuhr»). Während der Unterrichtsstunde fällt er oft durch provokative Bemerkungen auf («Den Scheiß müssen wir hoffentlich nicht lernen»). Interessiert ihn der aktuelle Stoff nicht, wird er demonstrativ unaufmerksam und verwickelt seine Banknachbarn in Gespräche. Kritik an seinem Störverhalten weist er empört zurück und behauptet, gar nicht geschwätzt zu haben.

Viele Klassenkameraden mögen Tom auch nicht, aber aufgrund seines aggressiven Verhaltensstils hat er sich einen oberen Rangplatz in der Klassenhierarchie erkämpft. Sie lassen ihn gewähren, weil sie sich vor ihm fürchten. Bisherige Erziehungs- und Ordnungsmaßnahmen (Ermahnungen, Tadel, Drohungen, Nachsitzen, Telefongespräch mit den Eltern, schriftlicher Verweis) haben wenig genützt. Die Eltern schieben die Verantwortung der Schule zu: «Ihr Lehrer seid doch dazu ausgebildet, mit ihm zurechtzukommen. Bei uns pariert er. Sollen wir jeden Tag zur Schule mitgehen und uns neben ihn setzen?»

Zum Nachdenken

Ben hat die Angewohnheit, in bestimmten Unterrichtssituationen die Lehrer anzugrinsen. Die Religionslehrerin fühlt sich dadurch von ihm provoziert und fordert ihn auf, sein blödes Grinsen zu unterlassen, was Ben zur Fortsetzung seines Störverhaltens motiviert. Der Physiklehrer interpretiert das Grinsen als Verlegenheit, bleibt cool und ignoriert es. Ben normalisiert daraufhin seine Mimik.

Deborah findet im Arbeitsblatt des Geschichtslehrers einige Rechtschreibfehler. Sie streicht diese mit dem Rotstift an und schreibt eine 3+ darunter. Am Ende der Stunde übergibt sie ihm das Arbeitsblatt mit süffisantem Lächeln. In der großen Pause berichtet er der Klassenlehrerin über «diese Frechheit». Amüsiert antwortet sie: «Thomas nimm's mit Humor. Deborah hat eine sehr gute Rechtschreibkompetenz. Vielleicht möchte sie gerne Lehrerin werden.»

Immer wenn die Lehrervorträge zu lang werden, breitet sich in der 7 c Unruhe aus. Der Deutschlehrer erlebt dies als sehr störend und reagiert darauf mit Ermahnungen und Sanktionen. Der Englischlehrer nimmt die Störung ganz anders wahr. Er sagt zu sich: «Jetzt habe ich den Konzentrationsbogen überspannt. Es ist an der Zeit, eine schüleraktive Arbeitsphase zu beginnen.» Damit ist die Störung meist bewältigt.

4 Häufigkeit von Unterrichtsstörungen

Disziplinkonflikte prägen vielerorts den pädagogischen Alltag.

Jonas Lanig

In einer oft zitierten Unterrichtsstudie wurde bereits Ende der fünfziger Jahre ermittelt, dass Lehrerinnen und Lehrer durchschnittlich alle 2,6 Minuten mit einem abweichenden Schülerverhalten konfrontiert sind (Tausch 1958). In einer flächendeckenden Studie, die in den achtziger Jahren in Rheinland-Pfalz stattfand, wurden Lehrerinnen und Lehrer nach schulischen Verhaltensauffälligkeiten befragt (Bach u. a. 1986). Unter anderem fand man heraus, dass sich jeder vierte Schüler im Unterricht störend verhält. Nach einer Mitte der neunziger Jahre in vier Bundesländern durchgeführten Schulleiter-Befragung (Schubarth 1996) stellten an 75 % bis 85 % der Schulen Unterrichtsstörungen ein Problem dar, zwar nicht permanent, aber phasenweise.

Wie aus einer jüngeren Untersuchung des Psychologischen Instituts der Universität Freiburg/Breisgau hervorgeht, ereignen sich pro Unterrichtsstunde mehr als 20 Unterrichtsstörungen (Krause 2004). Und nach einer Erhebung der TU Chemnitz, die im beruflichen Schulbereich stattfand, nehmen 60 % der befragten Berufsschullehrerinnen und Berufsschullehrer oftmals Störungen im Unterricht wahr (Steyer 2005).

Verschiedenen Lehrerbelastungsstudien der letzten Jahre ist zu entnehmen, dass Unterrichtsstörungen mit zum schwerwiegendsten Belastungsfaktor geworden sind (Bauer 2004, Krause 2004, Schaarschmidt 2004). Ständige Regelverletzungen, Unruhe, mangelnde Aufmerksamkeit und aggressives Verhalten stressen Lehrerinnen und Lehrer in starkem Maße.

Das empirische Ergebnisbild deckt sich mit meinen Erfahrungen als Psychologischer Schulberater. In nahezu allen Ist-Analysen, die ich seit dem Beginn der neunziger Jahre im Kontext von Schulentwicklungsprozessen moderiert habe, rangieren Unterrichtsstörungen bzw. Disziplinschwierigkeiten auf den vordersten Plätzen der ermittelten Probleme, und zwar in allen Schularten.

Dasselbe Resultat ergibt sich, wenn ich in Lehrerfortbildungsveranstaltungen zum Thema «Stressbewältigung im Lehrerberuf» die Frage nach den Auslösern von Lehrerstress stelle. In 90 % der Abfrage-Runden werden «Unterrichtsstörungen» am häufigsten genannt.

Wenn ich als Coach Lehrerinnen und Lehrer berate, die sich in schwierigen Berufsphasen Hilfe suchend an mich wenden, sieht die Situation gleich aus. In der deutlichen Mehrzahl der Fälle sind Disziplinkonflikte der zentrale Beratungsanlass.

Zum Nachdenken

In Deutschland gibt es 45 000 Schulen, an denen 12,2 Millionen Schülerinnen und Schüler unterrichtet werden. Wöchentlich erteilen dort 739 000 Lehrkräfte 16,7 Millionen Unterrichtsstunden. Schuljährlich sind es 635 Millionen Unterrichtsstunden.

In Deutschland besteht eine Unterrichtsstunde zu 65 % aus Lehr- und Lerntätigkeiten. Die restlichen 35 % werden darauf verwendet, für Disziplin und Ruhe zu sorgen. Ganz anders sieht die Unterrichtswirksamkeit in Japan aus. Dort beträgt der Lehr- und Lernanteil 95 %, und nur 5 % entfallen auf das Disziplinmanagement.

Aus diesen Erkenntnissen kann man schlussfolgern, dass in Deutschland 222 Millionen Unterrichtstunden ineffektiv sind. Wenn man davon ausgeht, dass eine Unterrichtsstunde 75 Euro kostet, beläuft sich der unterrichtliche Qualitätsverlust auf 16,9 Milliarden Euro pro Schuljahr.

5 Ursachen von Unterrichtsstörungen

Wer störende Schüler verstehen und ihnen darüber hinaus pädagogisch begegnen will, muss hinter die Symptome schauen.

Rainer Winkel

Warum schwätzt Lara immer wieder mit Yara? Warum macht Sascha partout nicht mit? Warum beleidigt Taifun den Lehrer? Warum spielt Leon den Klassenclown? Warum kommt Kresho oft zu spät? Warum ist Deniz so zappelig? Warum macht Lukas selten seine Hausaufgaben? Für solche Störungen gibt es in den wenigsten Fällen die eine Ursache. Meist kommen mehrere Bedingungen zusammen, damit sich ein unterrichtliches Verhaltensproblem entwickelt. Die Entstehungsbedingungen können in der seelisch-körperlichen Entwicklung, in der Familie, in der Schule und im weiteren gesellschaftlichen Umfeld liegen. Im Folgenden werden die wichtigsten Erklärungsansätze näher beschrieben.

Entwicklungsverletzungen

Einer schulischen Verhaltensstörung können seelische Traumen zugrunde liegen, die sich in den ersten Kindheitsjahren in die Psyche einkerben. Typische Traumen sind Ablehnung, Misshandlung und Verstoßung. Zur Kompensation dieser Verletzungen und Kränkungen bilden sich häufig Fehlverhaltensweisen heraus, deren unbewusste Botschaften (private Logik) aus tiefenpsychologischer Sicht lauten:

«Störe, sonst wendet man sich dir nicht zu!»

«Übe Rache, wenn du verletzt worden bist!»

«Kämpfe um die Macht, sonst bleibst du ohnmächtig!»

«Stelle dich blöd, dann lässt man dich in Ruhe!»

Folge der seelischen Traumen sind nicht nur Fehlverhaltensweisen, sondern auch Moralentwicklungsstörungen. Das heißt: Aufgrund des zerstörten Urvertrauens sind die Kinder nicht bereit, sich mit den Bezugspersonen zu identifizieren und deren Werte zu verinnerlichen.

Entwicklungsverletzte Kinder und Jugendliche geraten dann mit Lehrpersonen in Konflikt, wenn diese sie an problematische Autoritätspersonen erinnern. Auslöser für diese Übertragung können sein: Geschlecht, Status, Hautfarbe, Gestik, Mimik, Stimme, Körpergröße, Körpergestalt, Meinungen, Einstellungen und Verhalten. Im Gefolge eines Übertragungsprozesses werden Beziehung und Kommunikation schwierig.

Aktuelle Entwicklungskrisen (Pubertät)

Besonders negativ auf das schulische Disziplinverhalten kann sich die Pubertät auswirken. Der seelisch-biologische Wandel, Misserfolge in der Schule, Schwierigkeiten bei der Akzeptanz in der Gleichaltrigengruppe und bei der Sinn- und Identitätsfindung führen zu Stimmungsproblemen und seelischen Spannungen, die sich aggressiv und depressiv ausdrücken können. Ebenso nimmt die Abneigung gegen Fremdbestimmung und Appelle zu (= Appellallergie). Eine weitere Folge der Pubertät ist der Rückgang der Leistungsbereitschaft. Viele Jugendliche möchten jetzt das tun, was ihnen Spaß macht. Schließlich wird der Moral- und Normkodex der Erwachsenen kritisch hinterfragt. Manche überschreiten ganz bewusst die gesetzten Grenzen. Solche Grenzüberschreitungen verschärfen sich dort, wo Jugendliche unter den Konformitätsdruck und die Einflussmacht von Cliquen, Banden, Sub- und Gegenkulturen geraten und unter Zwang Fehlverhalten produzieren.

Neurobiologische Störungen

Hirnfunktionelle Beeinträchtigungen können die Verhaltenssteuerung in starkem Maße erschweren. Die häufigste neurobiologisch verursachte Verhaltensstörung ist das Aufmerksamkeits-Defizit-Syndrom ADS. Es handelt sich um eine genetisch bedingte Störung der Aufmerksamkeit, die Krankheitswert besitzt. Sie basiert auf einer biochemischen Funktionsstörung im Bereich der Informationsverarbeitung zwischen den einzelnen Gehirnabschnitten. Man nimmt an, dass die für den Signaltransport im Gehirn verantwortlichen Neurotransmitter (Überträgerstoffe) nicht optimal wirken. Die Funktionsstörung tritt vor allem in Gehirnregionen auf, die für die Aufnahme und Verarbeitung von Sinneseindrücken, für die Aufmerksamkeits-

und Konzentrationssteuerung sowie für die Handlungsplanung zuständig sind, und zwar im Frontalhirn und in den Stammganglien.

Das Aufmerksamkeits-Defizit-Syndrom tritt in verschiedenen Formen in Erscheinung. Nach dem Statistischen Manual der Amerikanischen Psychiatrischen Vereinigung DSM-IV sind zu unterscheiden:

● Aufmerksamkeitsstörung mit Hyperaktivität/Impulsivität (ADHS)

● Aufmerksamkeitsstörung ohne Hyperaktivität

● Hyperaktivität/Impulsivität ohne Aufmerksamkeitsstörung

Man geht davon aus, dass etwa 3 bis 6 % der Schülerinnen und Schüler an ADS leiden. Jungen sind davon deutlich häufiger betroffen als Mädchen. Die Diagnose wird gestellt durch eine gründliche Anamnese, eine körperliche und neurologische Untersuchung, Fragebögen und neuropsychologische Tests.

Aktuelle Familienprobleme

Etwa 35 bis 40 % der Ehen werden über kurz oder lang von Krisen erfasst. Dies löst bei Kindern, die naturgemäß ein starkes Harmoniebedürfnis aufweisen, schwere psychische Spannungen aus, die in Form von Fehlverhalten zum Ausdruck gebracht werden. Darüber hinaus produzieren Kinder aus Problemfamilien bewusst oder unbewusst Verhaltensstörungen, um auseinanderstrebende Eltern zusammenzuhalten. Ist die Familie endgültig zerbrochen, kann sich die Alleinerziehersituation entwicklungsstörend auswirken. Entwicklungsstudien zeigen signifikante Beziehungen zwischen dem Fehlen des Vaters bzw. der Überforderung der Mutter und der Zunahme von schulischen Verhaltensproblemen.

Familiäre Erziehungsfehler

Auch in Familien, die strukturell in Ordnung sind und momentan keine gravierende systemische Störung aufweisen, können kindliche Verhaltensstörungen entstehen, und zwar aufgrund von Erziehungsfehlern:

● Verwöhnend-permissive Erziehung: Die Eltern erlauben zuviel, setzen keine Grenzen und legen keinen Wert auf das Gleichgewicht von Leistung und Gegenleistung.

● Inkonsistente Erziehung: Der elterliche Erziehungsstil pendelt zwischen Härte und Verwöhnung, die Kinder wissen nicht, wie sie sich verhalten sollen.

- Inkonsequente Erziehung: Für den Fall, dass ein Fehlverhalten erneut auftritt, wird eine Konsequenz angedroht. Überschreitet das Kind dann doch die Grenze, bleibt die Konsequenz aus. Es wird allerhöchstens geschimpft.

- Vernachlässigende Erziehung: Die Kinder wachsen sich selbst überlassen auf. Die materiellen Bedürfnisse werden zwar meist befriedigt, die Kinder bleiben jedoch seelisch unterernährt.

- Strafend-unterdrückende Erziehung: Die Eltern setzen zu enge Grenzen, sie sind kaltherzig und lieblos und wenden harte körperliche und seelische Strafen an.

Schulische Fehler

Der häufigste schulische Störungsbeitrag ist der Mangel an Normverdeutlichung, Grenzziehung und systematischer Verhaltenssteuerung. Parallel hierzu lässt sich eine zweite Ursachenquelle erkennen: die Unfähigkeit zum pädagogischen Konsens. Das heißt, dass sich ein Klassenteam oder ein Kollegiums nicht auf ein Minimum an Verhaltenserwartungen einigen kann beziehungsweise möchte. Was beim Lehrer X erlaubt ist, wird beim Lehrer Y sanktioniert. Des Weiteren fällt immer wieder auf, dass in Disziplinkonfliktsituationen Konsequenzen angedroht, aber letztlich nicht realisiert werden, was aus Schülersicht die Einladung zur nächsten Störung ist. Auch das ständige Appellieren und Schimpfen ist ein Merkmal unwirksamer Verhaltenssteuerung.

Ebenso störungsverursachend ist es, wenn eine Lehrperson Schülerinnen und Schüler durch Killerbotschaften kränkt und entmutigt. Wer kränkt, muss damit rechnen, dass er dies in Form von Gegenaggressionen zurückbekommt.

Störungen treten auch dort häufiger auf, wo wenig Beziehungspflege stattfindet und das Soziale Lernen vernachlässigt wird.

Last but not least ist schlechter Unterricht ein Störungsverursacher. Zu nennen sind:

- mangelhafte Unterrichtsplanung und Unterrichtsdurchführung

- zu wenig Formwechsel/Mangel an schüleraktiven Arbeitsformen

- zu wenig Spannungsmomente/Aufmerksamkeitsweckung

- leistungsmäßige Über- oder Unterforderung.

Gesellschaftliche Einflüsse

Leider gibt es zwischen den gesellschaftlichen Gruppen kaum noch einen Wertkonsens. Was ein positives Sozialverhalten ist, wird sehr unterschiedlich und sehr beliebig definiert. Dies erschwert die Gewissens- und Verhaltensentwicklung der Heranwachsenden in starkem Maße. Eine weitere Ursache von Störverhalten liegt im Gewaltverhalten, das Kindern täglich real und medial vorgelebt wird. Nicht zuletzt sind unsere Schüler ein ehrlicher Spiegel des hektischen Lebensstils. Unsere Gereiztheit und Unruhe widerspiegelt sich in ihrem Verhalten. Diese Gereiztheit wird dort noch gesteigert, wo in Wohnungen und Wohngebieten Dichtestress herrscht und es gleichzeitig an aktiven Freizeitangeboten mangelt. Ganz besonders ist dies in sozialen Brennpunktgebieten der Fall.

Wer einer Unterrichtsstörung auf den Grund gehen möchte, sollte das Verhalten des Problemschülers oder der Problemschüler genau beobachten. Was einem auffällt, hält man am besten schriftlich fest, und zwar nicht wertend. Das heißt, dass man nur das zu Papier bringt, was man wahrnimmt.

Diese erste Datenbasis muss durch weitere Informationen ergänzt werden. Zum einen durch Informationen, die man aus Gesprächen mit dem Störer und seinen Eltern erhält. Zum anderen durch Erkenntnisse, die andere Lehrpersonen in ihrem Unterricht gesammelt haben.

Sind genügend viele Informationen vorhanden, können Ursachenhypothesen formuliert werden, die vor der Konstruktion eines ersten Erklärungsmodells kritisch geprüft werden müssen. Eine Hypothese kann nämlich nur dann aufrechterhalten werden, wenn genügend viele Anzeichen dafür sprechen. Gleichzeitig soll auch bedacht werden, dass häufig mehrere Ursachen zusammenkommen und sich wechselseitig verstärken.

Ein gründlich erarbeitetes Ursachenmodell ermöglicht zuallererst ein Verständnis des Problems. Nachdem man hinter das Symptom geschaut hat, kann man sich nun erklären, warum der Schüler stört. Aufbauend auf dieser Informationsbasis lässt sich leichter eine Problemlösung entwickeln. Verzichtet man auf eine intensivere Ursachenforschung, kann man zwar auch intervenieren, aber die Lösung wird man erst nach mehreren Fehlversuchen finden oder im schlimmsten Fall gar nicht.

Bei einer Ursachenanalyse darf man nie darauf verzichten, sich als Lehrperson selbst kritisch in den Blick zu nehmen. Das heißt, man muss sich und sein Verhalten reflektieren und die Frage ehrlich beantworten, welchen Anteil man am Disziplinproblem hat.

Leitfaden zur Störungsdiagnose

Folgende Fragen können für die Lehrperson oder ein Klassenteam hilfreich sein, wenn es darum geht, Ansatzpunkte für wirksame Interventionen zu finden.

1. Wie lässt sich das Störverhalten beschreiben?

2. Wie ist der Schweregrad des Störverhaltens einzuschätzen?

   gering   1   2   3   4   5   6   7   8   9   10   stark

3. In welchen Fächern stört der Schüler?

4. In welcher Unterrichtsphase tritt das Störverhalten gehäuft auf?

5. Wie reagiert die Klasse auf das Störverhalten?

6. Welche Störungsursachen können dem Störverhalten zugrunde liegen?

7. Welche verborgene Botschaft könnte das Störverhalten beinhalten?

8. In welchen Situationen ist das Verhalten des Schülers unproblematisch?

9. Wie haben die Lehrpersonen das Störverhalten bisher zu bewältigen versucht? Mit welchem Erfolg?

10. Wie könnte das Störverhalten wirksam verändert werden?

Zum Nachdenken

Eine Ameise verirrte sich eines Tages auf ein Blatt Papier und sah eine Feder, die schwarze Striche schrieb.
«Wie wunderbar das ist!», sagte die Ameise. «Dieses bemerkenswerte Ding mit einem eigenen Leben macht Schnörkel auf diese schöne Fläche, in einem solchen Ausmaß und mit solcher Energie, die den Anstrengungen aller Ameisen der Welt gleichkommt. Und die Schnörkel, die es macht! Sie sehen aus wie Ameisen, nicht wie eine, sondern Millionen, die alle zusammenlaufen.»

Sie gab ihre Vorstellungen an eine andere Ameise weiter, die gleichermaßen interessiert war. Sie lobte die erste Ameise dafür, dass sie so gut beobachtet und nachgedacht hatte.

Doch eine dritte Ameise sagte: «Ich gebe zu, deine Bemühungen sind mir zugute gekommen, als ich dieses seltsame Ding beobachtete. Doch ich habe festgestellt, dass es nicht Herr seiner eigenen Arbeit ist. Du hast übersehen, dass diese Feder noch mit anderen Dingen verbunden ist, die ihm die Richtung weisen. Diese sind die treibende Kraft.» So entdeckten die Ameisen die Finger.

Etliche Zeit später krabbelte die Ameise über die Finger und entdeckte, dass sie eine Hand bildeten. Sie machte sich gleich daran, die Hand gründlich zu erforschen, indem sie ausgiebig auf ihr herumkrabbelte.

Sie kehrte zu ihren Artgenossinnen zurück. «Ameisen!» rief sie, «ich habe eine wichtige Neuigkeit für euch. Die Finger gehören zu einem großen Ding. Das große Ding steuert die Finger und sorgt somit für die schönen Schnörkel.»

Aber auch das war noch nicht die letzte Erklärung. Die Ameisen entdeckten nach und nach, dass die Hand mit einem Arm verbunden war und der Arm mit einem Körper. Sie fanden den Kopf, den Bauch, die Füße.

Was die Buchstaben allerdings bedeuten, das haben die Ameisen bis auf den heutigen Tag nicht herausgebracht.

Eine Sufi-Geschichte

6 Intervention bei Unterrichtsstörungen

Ziel der Intervention ist, die Störung schnellstmöglich zu unterbinden, um umgehend zum Unterricht zurückzukehren.

Gert Lohmann

Wenn Unterrichtsstörungen auftreten, die den Zielen des Unterrichts zuwiderlaufen und das Recht des Einzelnen auf Bildung beeinträchtigen, ist die Lehrperson zur Intervention verpflichtet. Schulrechtlich zu unterscheiden sind die durch Erlass geregelten Erziehungsmaßnahmen und die gesetzlich festgelegten Ordnungsmaßnahmen. Die erzieherischen Maßnahmen, die für den Schüler nachvollziehbar sein müssen, trifft die Lehrperson im Rahmen ihrer pädagogischen Freiheit. Das heißt, dass diese keiner speziellen Rechtsgrundlage bedürfen. Sie sind legitimiert durch den verfassungsrechtlich bestimmten Erziehungs- und Bildungsauftrag. Die Möglichkeiten des Reagierens sind vielfältig:

- Ermahnung
- mündlicher Tadel
- Umsetzung in der Klasse
- Eintragung in das Klassenbuch
- Wiedergutmachung angerichteten Schadens
- Neuanfertigung einer Hausaufgabe
- Nachholen eines Unterrichtsversäumnisses
- vorübergehende Einziehung von Gegenständen
- Entzug von Annehmlichkeiten
- vorübergehende Verweisung aus dem Unterrichtsraum
- Gespräch mit dem Schüler
- Gespräch mit den Eltern.

Häuft sich ein Störverhalten oder kommt es zu gravierenden Pflichtverletzungen, können Sanktionen angewandt werden, die schulrechtlich als Ordnungsmaßnahmen bezeichnet werden. Sie sind gesetzlich festgelegt, und sie greifen in die Rechtssphäre des Schülers ein. Bezüglich ihrer Inhalte variieren sie von Bundesland zu Bundesland. Sie sind nur gestattet, wenn erzieherische Einwirkungen nicht ausreichen. Bei jeder Ordnungsmaßnahme ist der Grundsatz der Verhältnismäßigkeit zu beachten.

Mögliche Ordnungsmaßnahmen sind:

- Schriftlicher Verweis

- Überweisung in eine Parallelklasse

- Androhung des zeitweiligen Ausschlusses vom Unterricht

- Ausschluss vom Unterricht für mehrere Unterrichtstage

- Umschulung in eine andere Schule

- Ausschluss vom Unterricht für bis zu vier Unterrichtswochen

- Androhung der Verweisung von der Schule

- Verweisung von der Schule

- Verweisung von den Schulen einer Stadt

- Verweisung von allen Schulen des Landes.

Die Stufenfolge der Ordnungsmaßnahmen muss nicht zwingend befolgt werden. Je nach Schweregrad der Pflichtverletzung kann sofort eine harte Maßnahme getroffen werden.

Im Gegensatz zu Erziehungsmaßnahmen, die von der Lehrperson situativ realisiert werden, gibt es für Ordnungsmaßnahmen vorgeschriebene Verfahren, die genau eingehalten werden müssen. Je nach Schwere der Normverletzung werden sie von der Lehrperson, vom Schulleiter, von der Klassenkonferenz, von der Gesamtkonferenz, von der Schulkonferenz oder vom Kultusministerium verhängt. Begeht eine Schule Verfahrensfehler, kann gegen die Ordnungsmaßnahme Widerspruch eingelegt oder gegen die Entscheidung vor dem Verwaltungsgericht geklagt werden. Denn bei der Durchführung einer Ordnungsmaßnahme handelt es sich um einen Verwaltungsakt.

Von Ordnungsmaßnahmen sollte eher sparsam Gebrauch gemacht werden. Werden sie zum dominierenden Steuerungsmittel, kann dadurch zwar die Disziplin aufrechterhalten werden, aber um den Preis einer positiven Lehrer-

Schüler-Beziehung. Deshalb sind Ordnungsmaßnahmen eher eine Notbremse, die man zieht, wenn andere Handlungsmöglichkeiten ausgeschöpft sind. Ansonsten gilt die Devise, dass erzieherische Schwierigkeiten erzieherisch anzugehen sind. Leider enthalten die Rechtvorschriften der Bundesländer hierzu kaum hilfreiche Informationen. Wie man erzieherisch in Störsituationen und Disziplinkonflikten wirksam handeln kann, wird deshalb im Folgenden genauer aufgezeigt.

Direktes Reagieren in der Störsituation

Wenn einem partout nichts Sinnvolles einfällt, eine Verhaltensweise ist niemals falsch: humorvoll reagieren!

Rainer Winkel

Wie Unterrichtsstörungen mittel- und langfristig abgebaut werden können, wird in der unterrichtspsychologischen Literatur seit Jahrzehnten ausgiebig behandelt. Gering ist nach wie vor das Inventar kurzfristiger Handlungsmöglichkeiten. Wer mitten im Unterrichtsgeschehen mit Störungen konfrontiert ist, benötigt dringend ein Handlungsrepertoire, das ihm die Bewältigung der Störsituation erleichtert. Er braucht dies genauso wie Kenntnisse zur systematischen Lösung von Einzelfallproblemen oder zur präventiven Arbeit.

Die häufigste Frage, die von Berufsanfängern wie auch von Profis bei der Erörterung von Disziplinproblemen gestellt wird, lautet: «Wie soll ich mich verhalten, wenn ein Schüler den Unterricht stört?» Eine Zeitlang hieß die verhaltenspsychologische Antwort: «Reagieren Sie zunächst mit Ignorieren bzw. Nichtbeachten.» Argument war, dass das Fehlverhalten durch die Aufmerksamkeitszuwendung bloß verstärkt werde. Bei der sklavischen Anwendung dieser Regel erlitten nicht wenige Lehrpersonen Schiffbruch, weil die Verhaltenspsychologen bei dieser Regel leider zu wenig bedacht haben, dass viele Störer trotz des Ignorierens durch die die Lehrperson von den Klassenkameraden positive Verstärkung erhalten. Geben diese ihrer Freude über die Störaktion verbal oder nonverbal deutlich Ausdruck, wird das von der Lehrperson ignorierte Problemverhalten in keiner Weise gelöscht. Außerdem kann ein Fehlverhalten den Unterrichtsprozess so stark beeinträchtigen oder auch andere Mitschüler gefährden, dass von einer unreflektierten Anwendung dieser Regel im Klassenzimmer gewarnt werden muss. Das Ignorieren sollte nur dann angewandt werden, wenn es sich um eine leichte Störung handelt oder die Störung andere Schüler nicht ablenkt. Nur unter diesen Voraussetzungen kann Ignorieren das erneute Auftreten des Störverhaltens oder auch eine Verbreitung von Unruhe verhindern.

Wer eine Klasse führt, kommt in Störsituationen um das direkte Reagieren nicht herum. Wichtig bei Direktmaßnahmen ist, dass sie frühzeitig erfolgen. Oft breitet sich Unruhe wie ein Herd in der Klasse aus. Zögerndes Zuwarten wird von Schülern weniger als Toleranz, sondern vielmehr als Unsicherheit und Einladung zur freien Unterhaltung erlebt. Wird die Klasse unruhig, empfiehlt es sich, leiser zu reden oder mit dem Sprechen ganz aufzuhören.

Gleichzeitig sollte man mit dem störenden Schüler oder den Störern Blickkontakt aufnehmen. Zusätzlich kann das Zugehen auf den Unruheherd die verhaltenssteuernde Wirkung verstärken. Das Eindringen ins Territorium gibt den Schülern klarer als Worte zu verstehen, dass man das Störverhalten nicht billigt.

Bei leichteren Unterrichtsstörungen kann auch zunächst mit Schlagfertigkeit und Humor reagiert werden. Dadurch nimmt man dem störenden Schüler den Wind aus den Segeln und entkrampft die entstandene Konfliktspannung. Diese Form des Intervenierens darf nicht aus Killerbotschaften bestehen, die den Schüler oder die Klasse kränken und in seinem/ihrem Ehrgefühl verletzen.

Eine Möglichkeit des «sanften» Reagierens ist das positive Umdeuten der Störung, indem man dem Störverhalten beispielsweise eine positive Motivation unterstellt. Gesetzt den Fall, man sieht, wie sich zwei Schüler miteinander kabbeln, kann man ihnen mitteilen: «Ihr habt euch zum Streiten gern.» Oder man beobachtet, wie sich zwei Schülerinnen am Stundenbeginn miteinander unterhalten, und merkt dazu an: «Ihr habt euch was Wichtiges mitzuteilen. Können wir auch davon erfahren?» Weitere Interventionsvarianten sind (Molnar/Lindquist 2006):

- Positive Funktion erkennen: Ein Negativverhalten wird zu einem wichtigen Änderungssignal: «Sobald sich Unruhe ausbreitet, ändere ich die Unterrichtsform.»

- Durch die Hintertür stürmen: Ein Problemschüler wird für ein Positivverhalten vor der ganzen Klasse gelobt, was die Beziehung zu ihm stark verändern und seinem Negativverhalten Störungsenergien entziehen kann.

- Schweizer-Käse-Prinzip: Man starrt nicht auf das, was problematisch an einem Schüler ist (die Löcher), sondern sucht gezielt nach Ausnahmen (den Käse drum herum).

- Änderungsehrgeiz anstacheln: Man fragt den Problemschüler, ob er sich eine Änderung zutraut, wobei das Änderungsziel bewusst bescheiden definiert wird: «Schaffst du es, während einer Stunde pro Woche unauffällig zu bleiben?»

- Symptomverschreibung: Man fordert den Problemschüler auf, das Fehlverhalten fortzusetzen, jedoch in abgewandelter Form: «Du darfst bei mir schwätzen, jedoch nur in den ersten fünf Minuten.»

Nicht zu unterschätzen ist auch eine Intervention, die zum einen aus der Kritik am Störverhalten besteht und zum anderen ein Teillob enthält. Sie könnte lauten: «Simone, ich würde mich freuen, wenn du in Englisch genauso gut mitarbeiten würdest wie in Deutsch.» Solche Art von Kritik wirkt motivierender als ein Tadel.

Wer die Kunst des «sanften Reagierens» beherrscht, kann damit manchem Störverhalten den Wind aus den Segeln nehmen oder Spannungen durch Lachen entkrampfen. Ein wichtiger Zusatzeffekt besteht auch darin, dass man den Handlungsspielraum bewahrt.

Stören Schülerinnen und Schüler den Unterricht nachhaltig, ist strenges Intervenieren angesagt. Zum Beispiel dann, wenn ein Schüler mitten in einer konzentrierten Phase laut dazwischenruft, andere Schüler ablenkt oder partout nicht mitarbeitet. In solchen Disziplinkonfliktsituationen empfiehlt sich ein gestuftes Vorgehen, das mit der Klasse am Beginn des Schuljahres abzustimmen ist. Es kann nach folgendem Muster ablaufen:

- Erste Ermahnung: Man schaut den Schüler mit ernstem Gesicht an und sagt ihm klar und deutlich, was man von ihm will: «Ich möchte, dass du deinen Nachbarn in Ruhe lässt:»

- Zweite Ermahnung: Man sendet erneut eine warnende Botschaft: «Ich möchte dich darum bitten, deinen Nachbarn in Ruhe zu lassen. Wenn dies nochmals passiert, werde ich dich bestrafen.»

- Konsequenz/Strafe: «Es gelingt dir leider nicht, meine Ermahnungen ernst zu nehmen. Deshalb wirst du Extra-Aufgaben erledigen müssen. Komm nach der Stunde zu mir.»

Das gestufte Intervenieren kann auch mit Farbsignalen gekoppelt werden, und zwar mit der gelben und roten Karte. Bei der ersten und zweiten Störung zeigt man die gelbe Karte. Stört der Schüler erneut, erhält er die rote Karte und eine entsprechende Sanktion. Der Vorteil dieser Methode ist, dass es sich um unmissverständliche Signale handelt, die alle Schülerinnen und Schüler vom Sport her kennen.

Eine solche Stufenfolge macht unmissverständlich deutlich, dass das Appellieren nicht unbegrenzt stattfindet, sondern eine weitere Grenzüberschreitung negative Konsequenzen hat, und zwar in Form einer Strafe. Im Gegensatz zur lange Zeit sich haltenden These, dass eine Strafe Fehlverhalten nur vorübergehend unterdrückt, ist sie aus empirisch-psychologischer Sicht unter einer Reihe von Voraussetzungen wirksam (Gage/Berliner 1996, Schermer 2006). Erstes sollte dieses Erziehungsmittel unmittelbar nach der Fehlhandlung angewandt werden. Zweitens muss die Strafe dem Fehlverhalten angemessen sein. Drittens sollte sie altersgemäß sein. Viertens sollte sie begründet werden. Und fünftens ist sie so zu kommentieren, dass der zu Bestrafende in seinem Selbstwert- und Ehrgefühl nicht verletzt wird. Dies wäre der Fall, wenn man ihn zum Beispiel wegen einer Sachbeschädigung einen Kriminellen nennen würde. Der Kommentar sollte zwischen Tat und Täter unterscheiden. Werden Schüler zu sehr gedemütigt, entstehen Hassgefühle und der Wunsch nach Vergeltung. Obwohl es wichtig ist, in einer Sanktionssituation Coolness zu bewahren, darf man dennoch die persönliche Betroffenheit zum Ausdruck bringen.

Es können im Unterricht gravierende Disziplinverletzungen auftreten, auf die sofort mit Strafen reagiert werden muss. Dies ist der Fall, wenn ein Schüler einen Mitschüler körperlich angreift, mit chemischen Präparaten Unfug treibt, dem Vordermann den Stuhl wegzieht oder die Lehrperson massiv beleidigt. In solchen Situationen verbietet sich ein gestuftes Vorgehen.

Strafen sollten nicht zu sehr aus typischen Sanktionsformen wie Eintrag, Strafarbeiten, Ausschluss usw. bestehen, obwohl darauf nicht ganz verzichtet werden kann. Gerade bei Kindern und Jugendlichen ist von der Wiedergutmachung als Sanktionsform öfter Gebrauch zu machen. Ein Schüler, der seinem Banknachbarn eine Patrone entwendet und kaputtgemacht hat, ersetzt den Schaden. Eine Schülerin, die eine Mitschülerin beleidigt hat, schreibt ihr einen Entschuldigungsbrief. Diese Konfliktbewältigung wirkt ausgleichend und verhindert beim Bestraften Erniedrigungs- und Hassgefühle.

Eine negative Konsequenz kann auch darin bestehen, dass dem abweichenden Schüler Annehmlichkeiten entzogen werden. Zum Beispiel könnte dies bedeuten, dass er an einer Schulveranstaltung nicht teilnehmen darf. Möglich ist es aber auch, ihn zur Übernahme einer Tätigkeit zu verpflichten. Das heißt, er wird nicht von der Schulveranstaltung ausgeschlossen, muss sich aber an den Vorbereitungen beteiligen (z. B. Bestuhlung).

Wenn die Störsymptomatik vorwiegend aus Schwätzen mit dem Nebensitzer besteht, ist das Umsetzen an einen anderen Platz eine Sanktionsmöglichkeit. Sie ist dann wirksam, wenn der störende Schüler den Nebensitzer mag und durch die Maßnahme seine Nähe vermisst.

Eine Intervention, die sich für jüngere Grundschulkinder eignet, ist der Nachdenkstuhl. Stört ein Schüler mehrmals und bleiben Appelle ohne Erfolg, wird er aufgefordert, auf dem Nachdenkstuhl Platz zu nehmen. Dieser steht an einer separaten Stelle mit einer Blende davor, sodass der Störer keinen Blickkontakt zur Klasse hat. Er denkt dort über sein Fehlverhalten nach.

Wenn er sich wieder konzentrationsfähig fühlt, darf er an seinen Platz zurückkehren.

Für Schülerinnen und Schüler, die trotz Ermahnung schwätzen, eignet sich die Sanktion «Stundenprotokoll». Ihr geht folgende Begründung voraus: «Da es dir offensichtlich nicht gelingt, dem Unterricht aufmerksam zu folgen, musst du ein Stundenprotokoll anfertigen.» Im Grunde genommen ist es die logische Konsequenz aus dem bisher gezeigten Fehlverhalten.

Abschließend noch ein wichtiger Hinweis: Wer in Störsituationen interveniert, sollte eine Grundregel des disziplinarischen Eingreifens beachten. Sie lautet: Lassen Sie sich von der Klasse nicht in Diskussionen verwickeln. Sie gilt vor allem dann, wenn Regeln verletzt werden, die allen bekannt sind.

Konfliktgespräch mit dem Schüler

In den vielen Jahren meiner eigenen Lehrertätigkeit hat sich das Gespräch unter vier Augen als die wirkungsvollste Maßnahme zum Umgang mit Störern und zur Wiederherstellung der Disziplin erwiesen.

Wolfgang Mattes

Je länger und je öfter sich die Lehrperson mit dem Störer im Unterricht intervenierend beschäftigt, desto größer ist die Gefahr, dass diese «Zuwendung» das Problemverhalten verstärkt. Insbesondere trifft dies auf Schülerinnen und Schüler zu, die Anerkennungsdefizite aufweisen. Darüber hinaus gibt es noch eine zweite Gefahr: Die Lehrperson verliert den Überblick über das Klassengeschehen, weil sie die Gruppe nicht mehr im Blick hat. Dies wiederum hat zur Folge, dass weitere Störungen wahrscheinlich werden. Eine Alternative zur situativen Konfliktbearbeitung ist das Konfliktgespräch. Hierzu gibt es zwei Varianten: das Kurzgespräch nach dem Ende der Unterrichtsstunde und das etwas später stattfindende Intensivgespräch.

Das Kurzgespräch findet direkt im Anschluss an die Unterrichtsstunde statt. Sein Vorteil besteht vor allem im geringen Zeitabstand zur Störsituation. Nachteilig ist, dass Erholungszeit verloren geht, die man dringend für den Stressabbau bräuchte.

Die Aufforderung zum Kurzgespräch erhält der Schüler in der Störsituation: «Komm nach der Unterrichtsstunde zu mir. Ich möchte mit dir sprechen.» Erfahrungsgemäß wird ein Schüler nach diesem Signal seines Fehlverhaltens bewusst und beginnt darüber zu reflektieren.

Das Kurzgespräch sollte in einem gewissen räumlichen Abstand zu den Mitschülerinnen und Mitschülern stattfinden. Die Lautstärke ist so zu bemessen, dass nicht jedermann den Gesprächsinhalt hören kann.

Das kurze Konfliktgespräch ist keine Moralpredigt und auch kein Anschiss im traditionellen Sinne. Es erfordert Selbstbeherrschung und Coolness. Man teilt dem Schüler zunächst die Betroffenheit über sein Störverhalten mit: «Deine Nebengespräche haben mich geärgert.» Gleichzeitig weist man ihn darauf hin, dass er gegen eine vereinbarte Verhaltensregel verstoßen hat. Im Anschluss daran ist ein Blick in die Störmotivation vonnöten. Hierzu empfiehlt sich folgende Frage: «Warum fällt es dir so schwer, dich an diese Regel zu halten?» Möglicherweise hat er ein Problem, das er sich von der Seele reden wollte. Vielleicht liegt er mit dem Nebensitzer im Clinch. Eventuell hat er den Stoff nicht verstanden. Seine Antwort kann die Ursache erklären helfen. Nach dieser Gesprächsphase muss ihm eine Änderungsbotschaft übermittelt werden. Man teilt ihm mit, dass man das Störverhalten nicht duldet und nennt das Zielverhalten in positiver Form: «Ich mag deine Nebengespräche nicht und ich möchte, dass du aufpasst.» Der Erfolg der Änderungsbotschaft kann bei Schülern, die immer wieder Regeln verletzen, durch die Androhung einer Konsequenz gefördert werden: «Wenn du wieder störst, werde ich dich bestrafen müssen.»

Hilfreich ist es, wenn man ihm abschließend noch einen Tipp zur Verhaltenssteuerung gibt: «Wenn du den Stoff nicht verstehst, melde dich oder komme nach der Stunde zu mir.»

Das Intensivgespräch ist indiziert, wenn es sich um eine gravierende Störung handelt oder wenn der Störer wiederholt auffällt. Es findet nicht unmittelbar nach der Unterrichtsstunde statt, sondern später, beispielsweise in einer Hohlstunde. Als Gesprächsort ist ein separater Raum zu empfehlen, in dem man ungestört miteinander reden kann.

Das intensive Konfliktgespräch erfordert von der Lehrperson eine respektvolle Grundhaltung. Darunter ist zu verstehen, dass man den Schüler ungeachtet seiner Schwierigkeiten als Menschen achtet.

Nach der Begrüßung nennt man den Gesprächsanlass, indem man in Form einer Ich-Botschaft das störende Verhalten benennt und die damit ausgelösten Gefühle ausdrückt. Zugleich muss betont werden, dass man es nicht akzeptieren kann. Schließlich wird auf die Regel hingewiesen, die durch das Störverhalten verletzt worden ist. Alternativ könnte man den Schüler aber auch fragen, wie die entsprechende Regel heißt.

In diesem Stadium besteht die Gefahr, dass der Schüler in starken Widerstand geht, weil er sich durch die Konfrontation mit seinem Fehlverhalten gekränkt fühlt. Dieser Gefahr kann man entgegenwirken, wenn man auch das hervorhebt, was man an ihm gut findet und wertschätzt.

Nach dieser Einleitung wird die Sicht des Schülers erkundet. Er wird aufgefordert, den Disziplinkonflikt aus seiner Sicht zu schildern. Sollte dabei tatsächlich herauskommen, dass die Lehrperson Wahrnehmungsfehler begangen hat, muss sie dies eingestehen. Leugnet der Schüler wider besseres Wissen den Normbruch oder stellt er das Regularium generell in Frage, ist der Hinweis wichtig, dass es nicht verhandelbare Grenzen gibt, die für alle gelten.

Nach dem Austausch der Sichtweisen wird die Frage nach der Ursache des Störverhaltens gestellt. Dies soll nicht im Anklageton geschehen, sondern in einer Form, die den Schüler zur Antwort ermutigt. Eine solche Frage könnte lauten: «Wie kam es zu deinem Fehlverhalten?» Durch eine solche Frage verhilft man dem Schüler zu einer Selbstklärung. Er wird sich der Beweggründe bewusst, die ihn bisher unbewusst gesteuert haben. Beispielsweise kann dem Klassenclown zum einen bewusst werden, dass er sich fehlverhält, um von der Klasse die Anerkennung zu erhalten, die er vorher nicht hatte. Zum anderen kann er erkennen, dass dieser Vorteil nur von kurzer Dauer ist und das Fehlverhalten ihm langfristig schadet.

Aufschlussreich für die Lehrperson ist es, wenn der Schüler sein Fehlverhalten mit Frustrationen begründet, die in einer schwierigen Familiensituation wurzeln. Derartige Informationen lassen das Disziplinproblem in einem neuen Lichte erscheinen. Konsequenz daraus ist, dass bei der Problemlösung ein Elterngespräch oder professionelle außerschulische Hilfe erwogen werden muss.

An dieser Stelle fasst die Lehrperson das bisher Gesagte, Erfahrene und Verstandene zusammen. Sie betont, dass jetzt gemeinsam überlegt werden muss, wie das Ziel einer Verhaltensänderung erreicht werden kann. Die Lösungssuche kann durch folgende, den Änderungsehrgeiz herausfordernde Frage forciert werden: «Traust du dir eine Änderung zu?»

Nun müssen Lösungen gefunden werden, die auf das Fehlverhalten abgestimmt sind. Der Klassenclown setzt sich zum Ziel, seine Anerkennung auf anderen Wegen zu erreichen, beispielsweise indem er sich hilfsbereit zeigt. Der Schwätzer nimmt sich vor, das, was er mit seinem Nachbarn bespricht, in der Pause loszuwerden. Der Tagträumer will seine Unaufmerksamkeit durch aktive Mitarbeit in den Griff bekommen.

Die Verhaltensänderung, die der Schüler in Angriff nimmt, wird in Form einer Vereinbarung festgelegt, und zwar am besten schriftlich. Das schriftlich Fixierte übt mehr Zugkraft aus als das, was man sich lediglich willentlich vornimmt.

Danach wird der Schüler gefragt, welche Unterstützung er braucht, um das Ziel sicher zu erreichen. Äußert er einen realisierbaren Wunsch, wird auch dies schriftlich abgemacht. Zur Vereinbarung gehört schließlich auch die Terminierung einer Erfolgskontrolle.

Bevor der Schüler freundlich und motivierend verabschiedet wird, muss er auch über die Konsequenzen aufgeklärt werden, die bei weiterem Regelverstoß erfolgen.

Verhaltensvertrag

Name:

Vorname:

Klasse:

Zwischen mir und Herrn/Frau   wurden folgende
Verhaltensänderungen vereinbart:

Am   um   Uhr werden wir gemeinsam prüfen,
welche Fortschritte ich gemacht habe.

Falls sich mein Verhalten nicht bessert, geschieht Folgendes:

_____   _____
Unterschrift Schüler   Unterschrift Lehrer

Konfliktgespräch mit den Eltern

Warten Sie geduldig ab, bis Sie wirklich genügend Informationen erhalten haben.

Dieter Enkhardt

Wenn sich Disziplinprobleme trotz erster pädagogischer und disziplinarischer Maßnahmen nicht beheben lassen, ist es an der Zeit, die Eltern anzusprechen und sie zu einem Konfliktgespräch zu bitten. Je länger man diese Intervention aufschiebt, desto chronischer wird das Problem und desto schwieriger gestaltet sich die Problemlösung.

Ein Konfliktgespräch mit den Eltern braucht günstige Rahmenbedingungen. Wer eine gute Gesprächsbereitschaft schaffen möchte, muss einen Gesprächsort auswählen, an dem sich ungestört miteinander reden lässt.

Der Konflikt sollte mit Fingerspitzengefühl zur Sprache gebracht werden. Am besten ist es, ihn in Form von Ich-Botschaften zu verbalisieren. «Ihr Sohn macht mir Sorgen» ist seelisch sicherlich verträglicher als «Ihr Sohn ist verhaltensgestört». Bei der Darlegung der Konfliktpunkte sollte auch sauber getrennt werden zwischen Tatsachen und Vermutungen. Letztere sind sehr vorsichtig auszudrücken.

Ist der Konflikt thematisiert, müssen die Eltern ausreichend Zeit erhalten, ihre Meinung und ihre Konfliktwahrnehmung vorzutragen. Dabei hört man ihnen aufmerksam zu, fällt ihnen nicht ins Wort und versucht sie und ihre Familiensituation aus ihrer Perspektive zu verstehen. Auch wenn sie erregt sind, behandelt man sie höflich und geht mit ihnen fair um. Dies hilft ihnen bei der Selbstkontrolle. Zusätzlich gesprächsförderlich ist es, wenn man in hitzigen Phasen den Konfliktstoff versachlicht.

Um sich zu vergewissern, ob man das Gehörte richtig verstanden hat, fasst man es immer mal wieder in eigenen Worten zusammen. Dadurch können Missverständnisse sofort geklärt werden.

Meist sind zum tieferen Konfliktverständnis weitere Fragen vonnöten. Hierzu sind so genannte W-Fragen besonders geeignet: Wie? Was? Woran? Warum? Durch diese Fragetechnik werden die Ressourcen und Lösungspotenziale aktiviert. Diese Gesprächsphase darf durch vorschnelle Bewertungen und Generalisierungen nicht gestört werden.

Ist Kritik angebracht, sollte man sie in Wünsche und Erwartungen umformulieren. «Statt Sie vernachlässigen ihre Pflicht zur Lernkontrolle» kann man sagen «Sorgen Sie bitte dafür, dass Ihr Kind die Hausaufgaben regelmäßig erledigt». Letzteres wird vom Empfänger positiver aufgenommen.

Es entsteht auch mehr Änderungs- und Kompromissbereitschaft, wenn Konfliktpunkte humorvoll kommentiert oder positiv umgedeutet werden. So kann der Klassenlehrer, der mit den Eltern über ihr trotziges Kind spricht, sagen: «Auch wenn er uns Schwierigkeiten bereitet, so weiß er doch wenigstens, was er will.»

Ist ein Konfliktthema gründlich besprochen und haben beide Gesprächspartner eine gemeinsame Problemsicht gefunden, kann die Lösungsarbeit beginnen. Zunächst wird darüber nachgedacht, was das Ziel einer Konfliktlösung sein kann. Es muss konkret, konsensfähig und realisierbar sein.

Ist das Ziel gefunden, sollten Lösungsideen gesammelt werden. Dabei ist die Regel «Keine Kritik während des Ideensammelns» unbedingt zu beachten. Und von Vorteil ist es, wenn die einzelnen Ideen visualisiert werden. Ist das Brainstorming abgeschlossen, werden sie hinsichtlich ihrer Lösungstauglichkeit bewertet. Am Ende des Bewertungsprozesses steht eine Vereinbarung über künftiges Verhalten, das zum Abbau bzw. zur Beseitigung des momentanen Konfliktes führen soll.

Am Ende der Konfliktbearbeitung vereinbart man mit den Eltern ein späteres Bilanzgespräch. Und es tut ihnen gut, wenn man sich für ihre Gesprächsteilnahme bedankt und sie zur Umsetzung des Vereinbarten ermutigt.

Tipps für Konfliktgespräche mit Eltern

1. Sprechen Sie das Problem möglichst früh an. Je mehr Zeit Sie verstreichen lassen, desto mehr Ärger staut sich auf und desto schwieriger wird die Konfliktlösung.

2. Führen Sie das Gespräch an einem separaten Ort und in ungestörter Atmosphäre.

3. Bringen Sie das Konfliktthema in der Ich-Form vor. Sagen Sie, was Sie stört, worüber Sie sich ärgern, womit Sie unzufrieden sind.

4. Tragen Sie Ihre Streitpunkte so vor, dass klar ist, was Tatsachen und Vermutungen sind.

5. Lassen Sie den Eltern angemessen Zeit, ihre Sichtweise darzulegen.

6. Hören Sie ihnen aufmerksam zu und versuchen Sie sich in sie hinein-
zuversetzen.

7. Verhalten Sie sich höflich und fair. Vermeiden Sie Killerbotschaften.

8. Trennen Sie zwischen sachlichen und emotionalen Konfliktanteilen.

10. Wiederholen Sie das, was Ihr Gegenüber gesagt hat, in eigenen Worten.

11. Stellen Sie konstruktive W-Fragen (Was? Wie? Woran? Wer? Wo?).

12. Vermeiden Sie vorschnelle Wertungen und Schlussfolgerungen. Bleiben
Sie offen für neue Erkenntnisse und Gesichtspunkte.

13. Äußern Sie Kritik möglichst in Form von Erwartungen und Wünschen.

14. Entspannen Sie kritische Gesprächsphasen durch Humor und positives
Umdeuten.

15. Heben Sie Punkte hervor, in welchen Sie mit Ihrem Gegenüber übereinstimmen.

16. Finden Sie ein gemeinsames Ziel und lenken Sie Ihre Energien darauf.

17. Sammeln Sie mit den Eltern Lösungsideen und suchen Sie die beste aus.

20. Fassen Sie die Gesprächsergebnisse zusammen und sagen Sie klar, was
sich ändern muss.

21. Vereinbaren Sie ein Folgegespräch, das der Erfolgskontrolle oder eventuell auch der Behandlung weiterer Konfliktpunkte dienen soll.

22. Formulieren Sie einen motivierenden Schlusskommentar und verabschieden Sie ihre Gesprächspartner freundlich.

Interventionsbeispiel

Kevin, Klasse 8, Hauptschule, fällt auf wegen Schulversäumnissen und Mit-
arbeitsverweigerung. Bisherige Erziehungs- und Ordnungsmaßnahmen
(Ermahnungen, Drohungen, Strafarbeiten, Nachsitzen, Tadel, Anruf bei den
Eltern, schriftlicher Verweis mit Androhung eines Schulausschlusses) haben
wenig genutzt. Die Eltern schieben die Verantwortung auf die Schule ab. Die
Mutter im letzten Telefonanruf: «Ich kann ja nicht jeden Morgen auf dem
Schulhof Wache halten und aufpassen, dass Kevin nicht entwischt.»

Die Schule hat den Eindruck, dass zu Hause massive Erziehungsfehler begangen werden. Der Vater hält sich aus den Schulproblemen heraus. Die
Mutter ist zu schwach, um sich gegen den stark pubertierenden Sohn durch-

zusetzen. Das Gleichgewicht von Leistung und Gegenleistung stimmt nicht. Kevin macht einen verwöhnten Eindruck. Er bekommt viel und gibt wenig. Er hat neulich einen teuren Walkman geschenkt bekommen, er scheint viel Taschengeld zu erhalten. Die Familie reagiert alles andere als konsequent auf Kevins Fehlverhalten. Grenzziehungen sind nicht zu erkennen.

Kevins Schul- und Lebensstil wird vom Lustprinzip regiert: «Wenn ich keinen Bock habe, gehe ich nicht zur Schule. Droht die Schule, komme ich erst am nächsten Tag wieder, wenn der Sturm sich gelegt hat.»

Die Rückmeldungen der Schule an das Elternhaus sind wirkungslos, da dieses Kevins Fehlverhalten nicht unterbindet. Der behäbige, etwas phlegmatische Vater möchte abends lieber in Ruhe gelassen werden. Und die Mutter möchte auch keinen Ärger.

Der Rektor schreibt der Familie einen sehr deutlichen Brief und teilt mit, dass es nur noch zwei Möglichkeiten gibt: Entweder nimmt die Familie weitere, schärfere Maßnahmen (Schulausschluss, Jugendamt) in Kauf oder sie kommt zu einem Gespräch.

Die Familie wählt die zweite Alternative. Das Gespräch führt der Schulleiter zusammen mit dem Klassenlehrer. Zunächst macht der Vater einen wenig kooperativen Eindruck. Diese Haltung ändert sich, als der Ernst der Lage verdeutlicht wird.

Nach gründlicher und konstruktiver Problembearbeitung wird eine Zielvereinbarung getroffen: Kevin besucht den Unterricht regelmäßig und arbeitet in den Stunden mit. Die Eltern verpflichten sich, auf weitere Schulversäumnisse mit Konsequenz zu reagieren, und zwar durch den Entzug bisheriger Vergünstigungen (Taschengeldkürzung, Entzug von Sonderzuwendungen). Kevin kontrolliert in den nächsten sechs Wochen sein Präsenz- und Mitarbeitsverhalten mit einem Selbstkontrollbogen, den er am Freitag nach der fünften Stunde mit dem Klassenlehrer bespricht und den er am Freitagabend seinen Eltern vorlegt.

Nach sechs Wochen findet ein Bilanzgespräch statt, an dem der Schulleiter, der Klassenlehrer sowie Kevin und dessen Eltern teilnehmen. Es wird festgestellt, dass das erste Änderungsziel, nämlich die regelmäßige Präsenz, erreicht worden ist. Kevin hat kein einziges Mal gefehlt. Verbesserungsbedürftig ist noch das Mitarbeitsverhalten.

Konfliktgespräch mit der Klasse

Das Klassenzimmer ist ein Ort höchster Dramatik.

Frank McCourt

Es kann immer wieder vorkommen, dass nicht ein einzelner Schüler, sondern eine Klasse zum unterrichtsstörenden Problemfall wird. In einer solchen Problemsituation bietet sich ein Konfliktgespräch mit der Klasse als Intervention an. Falls besondere Schwierigkeiten zu erwarten sind, kann das Gespräch auch zu zweit geführt werden (Lehrer-Doppel).

Bevor das Konfliktgespräch mit der Klasse beginnt, bedarf es einiger Vorbereitungen. Erstens muss genügend Zeit vorhanden sein, und zwar eher zwei Unterrichtsstunden als eine. Zweitens ist eine dialogförderliche Sitzordnung zu arrangieren. Am besten ein Stuhlkreis, damit sich die Schülerinnen und Schüler gegenseitig ansehen können. Drittens braucht die Lehrperson einen Moderationsfahrplan, in dem die Gesprächsphasen und die entsprechenden Leitfragen festgehalten sind. Im Falle eines «Lehrer-Doppels» ist aus ihm ersichtlich, wer welchen Part übernimmt. Viertens ist dafür zu sorgen, dass Visualisierungsmittel zur Verfügung stehen (Flipchart, Moderationskarten). Fünftens sollten auf einem Plakat oder auf einem Blatt wichtige Gesprächsregeln notiert werden, an die sich alle halten müssen (siehe unten).

Das Konfliktgespräch startet damit, dass die Lehrperson bzw. das Lehrertandem den Gesprächsanlass benennt, die Gesprächsschritte aufzeigt und Gesprächsregeln vereinbart. Danach wird genau beschrieben, was aus Lehrersicht momentan am Verhalten der Klasse als problematisch wahrgenommen wird. Nun wird die Klasse aufgefordert, ihre Problemsicht zu äußern. Hierzu sind Leitfragen vonnöten, die folgendermaßen lauten können:

• Wie sieht das Problem aus eurer Sicht aus?

• Warum fällt es euch schwer, die Verhaltensregeln einzuhalten?

Wer diesen Weg des Dialogs wählt, muss bereit sein, auch berechtigte Schülerkritik anzunehmen. Es ist durchaus möglich, dass das Disziplinproblem auch Lehreranteile hat: langweilige Stoffdarbietung, zu rasches Lehrtempo, verbale Verletzungen.

Wenn genügend viele Äußerungen und Rückmeldungen vorliegen, ist es an der Zeit, diese in Form eines Erklärungsmodells zusammenzufassen: «Euer Disziplinverhalten ist zurzeit deshalb so schwierig, weil…»

Wenn keine Einwände hierzu kommen, kann zur Lösungskonstruktion übergegangen werden. Entweder in Einzelarbeit oder in Kleingruppen überlegen sich die Schülerinnen und Schüler, wie die derzeitige Problemsituation überwunden werden kann. Sie notieren ihre Lösungsideen auf einem Blatt oder schreiben sie auf Moderationskarten. In einer Sammelrunde werden sie bekannt gegeben und von der moderierenden Lehrperson bzw. von dem Lehrertandem zusammengefasst. In diesem Stadium der Lösungskonstruktion ist darauf zu achten, dass die pädagogische Führungsrolle nicht aus der Hand gegeben wird. Wenn Vorschläge gemacht werden, die gegen Recht und Regeln verstoßen, ist klar und deutlich mitzuteilen: «Das geht nicht!»

Die Lösungskonstruktion wird mit einer Zielvereinbarung abgeschlossen. Das heißt, es wird konkret festgelegt, was sich realistischerweise verändern muss, um die Störung zu beseitigen. Es empfiehlt sich, dies schriftlich festzuhalten. Ebenso muss ein Zeitpunkt vereinbart werden, an dem der Erfolg dieser Änderungsmaßnahmen kontrolliert wird.

Abschießend werden Verlauf und Ergebnis des Konfliktgesprächs kurz zusammengefasst. Es wird gewürdigt, was konstruktiv und positiv war. Und das Schlusswort sollte eine ermutigende Botschaft enthalten.

Sollte sich im Verlauf des Gesprächs herausstellen, dass neben dem Klassenproblem ein zusätzlicher Konflikt zwischen der Lehrperson und einem einzelnen Schüler existiert, ist die Vereinbarung eines separaten Lehrer-Schüler-Gesprächs notwendig. Dieses sollte möglichst bald stattfinden.

Konfliktgesprächsregeln

- Wir gehen fair miteinander um.

- Wir hören einander zu.

- Wir fassen uns kurz.

- Wir unterbrechen nur, wenn uns etwas stört.

- Wir entscheiden selbst, wann und was wir sagen möchten.

Konfliktbearbeitung in der Klassenkonferenz

Verantwortungsbewusste Lehrer denken darüber nach, was man mit dem Schüler für den Schüler tun kann.

Georg E. Becker

Sich immer wieder ereignende, durch Sofortmaßnahmen nicht bewältigbare Unterrichtskonflikte bedürfen einer systematischen Konfliktlösung. Systematisch heißt, dass den Konfliktursachen gezielt auf den Grund gegangen, ein Lösungsmodell entworfen und die Konfliktlösung schrittweise durchgeführt wird. Beides, sowohl die Ursachenanalyse als auch die Lösungskonstruktion, sollte kooperativ im Lehrerteam geschehen. Der naheliegendste Kooperationsort hierfür ist die Klassenkonferenz. Als Moderator kommt der Klassenlehrer in Frage.

Geeignet für die systematische Konfliktlösung ist ein Modell, wie es von Becker (2006) entwickelt und erprobt worden ist. Es enthält brauchbare Anleitungen zur Konfliktanalyse und zur Erarbeitung von Lösungsmöglichkeiten. Die einzelnen Schritte werden im Folgenden leicht modifiziert aufgezeigt.

Da ein Konflikt immer falsch wahrgenommen zu werden droht, beginnt die systematische Konfliktlösung mit der genauen Beschreibung des Störverhaltens. Wenn nach dieser kritischen Prüfung Wahrnehmungsfehler und übersensible Interpretationen ausgeschlossen werden können, folgt als nächster wichtiger Schritt eine gemeinsame Ursachenerforschung. Die Frage könnte lauten: Warum stört Thomas immer wieder durch lautes Reinrufen den Unterricht?

Darauf wird nun in Form von Hypothesen geantwortet:

«Thomas erhält zu wenig Anerkennung durch uns Lehrer.»

«Thomas wird von der Klasse nicht angenommen und versucht durch Störungen mehr Beliebtheit zu erreichen.»

«Aufgrund von Familienproblemen baut er Frustrationen durch Unterrichtsstörungen ab.»

«Thomas hat Pubertätsprobleme und ist deshalb so unbeherrscht.»

«Thomas wird zu wenig in den Unterricht eingebunden und betätigt sich deshalb negativ.»

Zur Klärung dieser Hypothesen müssen zunächst bisher gesammelte Informationen, Erkenntnisse und Erfahrungen herangezogen werden.

Sollte die Datenbasis für eine befriedigende Konflikterklärung nicht ausreichen, müssen Zusatzinformationen beschafft werden. Wenn beispielsweise kaum etwas über die familiäre Situation bekannt ist, könnte ein Elterngespräch wichtigen Aufschluss erbringen. Ist die Stellung des Schülers in der Klasse nicht eindeutig erkennbar, könnte ein Soziogramm Klarheit verschaffen. Unabdingbar ist auch, dass der Schüler selbst noch einmal befragt wird. Dies wird leider immer wieder vernachlässigt.

Um zu verhindern, dass der Konflikt zu einseitig wahrgenommen wird, muss das Störverhalten auch aus der Sicht des Problemschülers betrachtet werden. Hierzu sind die zur Hypothesenprüfung beschafften Informationen ebenfalls nützlich. Durch den Perspektivenwechsel lassen sich die Motivation und die Problematik des störenden Schülers besser verstehen. Besser verstehbar werden dadurch auch die Reaktionsweisen der Mitschülerinnen und Mitschüler sowie der Eltern.

Wenn genügend Informationen vorhanden, Hypothesen geklärt, Ursachen gefunden und Sichtweisen klar geworden sind, muss die Zielsetzung geklärt werden. Es besteht nämlich bei gravierenden Unterrichtsstörungen die Gefahr unrealistischer Zielsetzungen. So zum Beispiel, wenn man von einem hyperaktiven Kind baldige Ruhe oder von einem Außenseiter eine rasche soziale Integration erwartet. Oft sind Disziplinkonflikte so geartet, dass es kurzfristig zu einer leichten Besserung, mittelfristig zu einer deutlicheren Abnahme und erst langfristig zu einer wesentlichen Normalisierung kommen kann.

Nach der Klärung der Zielsetzung werden konkrete Handlungsmöglichkeiten überlegt, und zwar solche, die tatsächlich auch brauchbar und realisierbar sind. Ein gutes Änderungsprogramm entsteht nur dann, wenn auch in dieser Phase der Konfliktlösung kooperativ geplant, überlegt und bewertet wird. Daraus kann sich ein wirksames Änderungsprogramm ergeben, was zum Beispiel so aussehen könnte:

- Mit dem Schüler einen Verhaltensvertrag schließen

- Positives Verhalten loben, geringfügige Störungen ignorieren, bei gravierenden Störungen konsequent reagieren

- Den Schüler so umsetzen, dass er weniger Gelegenheit zum Stören bekommt

- Den Schüler mehr fordern, öfters drannehmen, ihn besser aktivieren

- Mit dem Schüler regelmäßig Zwischenbilanzen durchführen.

Der Erfolg verhaltensändernder Maßnahmen steht und fällt mit dem gemeinsamen Handeln aller von der Störung betroffenen Lehrpersonen. Wichtig ist, dass man sich für ein solches Änderungsprogramm ein paar Wochen Zeit lässt und dann im Kollegenkreis die Wirksamkeit der beschlossenen Maßnahmen bespricht und bewertet sowie überlegt, in welcher Form weiter interveniert werden muss.

Leitfaden für die Konfliktbearbeitung in der Klassenkonferenz

1. Problembeschreibung: Wie sieht die Unterrichtsstörung aus Sichtweise der einzelnen Lehrer aus?

2. Hypothesenbildung: Welche Ursachen kommen in Betracht?

3. Zielsetzung: Was muss sich kurz-, mittel- und langfristig ändern?

4. Lösungsentwurf: Durch welche Maßnahmen kann das Störverhalten abgebaut werden?

5. Realisierung: Wer muss wann was tun?

6. Erfolgskontrolle: Wann werden die Änderungsmaßnahmen bilanziert?

7. Weiterverweisung: Wer kann im Falle einer misslungenen Konfliktlösung weiterhelfen?

Konfliktbearbeitung in der Supervisionsgruppe

Kollegiale Beratung bietet eine lebendige Möglichkeit, konkrete Praxisprobleme des Berufsalltags in einer Gruppe zu reflektieren und gemeinsame Lösungen zu entwickeln.

Kim-Oliver Tietze

Allein nicht lösbare Disziplinkonflikte können in eine Supervisions- oder Fallbesprechungsgruppe eingebracht werden, um dort lösungsförderliche Anregungen und Hilfen zu erhalten. Es gibt regionale und schulinterne Supervisionsgruppen, die von externen Spezialisten (z. B. Schulpsychologen, Fallbesprechungsgruppenleiter) betreut werden.

Eine Supervisionsgruppe umfasst circa 10 Teilnehmerinnen und Teilnehmer, die sich durchschnittlich einmal pro Monat treffen. Eine Supervisionssitzung läuft gewöhnlich in festen Phasen ab. Sie beginnt mit dem Fallbericht. Die vortragende Lehrperson beschreibt ein Disziplinproblem mit einem Schüler. Während ihres Berichts hören die Gruppenmitglieder aufmerksam zu. Danach findet eine Feedbackrunde statt, in der die übrigen Teilnehmerinnen und Teilnehmer mitteilen, was der Fall in ihnen ausgelöst hat und was sie äußerlich am Berichtenden beobachtet haben. Auf der Grundlage des dargebotenen Materials wird der Fall gemeinsam durchgearbeitet mit dem Ziel, ein Erklärungsmodell zu finden. Hat sich dieses herauskristallisiert, geht es darum, Lösungsstrategien zu entwickeln. Diese können beispielsweise darin bestehen, dass die berichtende Lehrperson sich vornehmen soll, die eigenen Gefühle in der Konfliktsituation direkter auszusprechen, den Problemschüler anders wahrzunehmen und wirksamer auf seine Provokationen zu reagieren. Manche Änderungsstrategie kann im Rollenspiel erprobt werden. Am Ende der Sitzung nimmt die berichtende Lehrperson zu dem Erklärungsmodell und zu den Lösungsvorschlägen Stellung. Was sie in die Praxis umsetzt, bleibt ihr überlassen. Ob die Bewusstmachung des persönlichen Anteils am Problem und die Änderungsstrategien sie weitergebracht haben, ist eine Frage, auf die sie in einer der nächsten Sitzungen antwortet. Während der Sitzung verhält sich die Supervisionsleitung großenteils moderierend und reflektierend. In stärkerem Maße interveniert sie nur dann, wenn Gruppenkonflikte auftreten oder der Problemlöseprozess blockiert ist.

Möglich ist es auch, den Disziplinfall in einer kollegialen Supervisionsgruppe zu besprechen. Diese unterscheidet sich von der klassischen Supervisionsgruppe dadurch, dass sie nicht von einer externen Fachperson geleitet wird, sondern von einem Gruppenmitglied. Bisweilen spricht man auch von Supervision ohne Supervisor (Ehinger/Hennig 1997).

Die kollegiale Supervision, auch Intervision genannt, orientiert sich an derselben Schrittfolge wie die klassische Supervision.

Bei der Einrichtung von kollegialen Supervisionsgruppen sollte man sich von einer externen Fachperson beraten und anleiten lassen. Erst dann darf die selbst organisierte Fallbesprechung beginnen. Sehr zu empfehlen ist es, wenn die Gruppe mit dieser Person in größeren Intervallen ihre Kommunikation und Kooperation reflektiert.

Fallbesprechungsleitfaden

1. Ein Gruppenmitglied berichtet über einen schwierigen Fall.

2. Die Gruppe kann zum Verständnis des Gehörten Fragen stellen.

3. Die Gruppenmitglieder können ihre Wahrnehmungen und Gefühle wiedergeben.

4. Hypothesenbildung: Welche Ursachen kommen in Betracht?

5. Lösungsentwurf: Durch welche Maßnahmen kann das Störverhalten abgebaut werden?

6. Der Berichterstatter gibt Feedback:

   – Was ist mir klar geworden?

   – Was blieb unklar?

   – Was will ich umsetzen?

Verhaltensmodifikation mit Tokens

Tokens sind Ersatzverstärker.

Dieter Krowatschek

Störverhalten kann abgebaut werden, indem das erwünschte Verhalten durch positive Verstärkung aufgebaut wird. Hierfür eignet sich ein systematisches Belohnungstraining, das aus der Verhaltenstherapie stammt. Es kann sowohl mit einem einzelnen Schüler als auch mit der ganzen Klasse durchgeführt werden. Einsetzbar ist es vor allem in der Grundschule und in der Sonderschule.

Das Grundprinzip aller Token-Programme besteht darin, dass eine Person oder Gruppe für erwünschtes Verhalten einen Eintauschverstärker (Token) erhält. Tokens können Punkte, Striche oder Symbole sein, die später gegen materielle Verstärker (z. B. T-Shirt) oder Aktivitätsverstärker (z. B. Spielparkbesuch) eingetauscht werden.

Das Token-Programm orientiert sich an folgenden Schritten:

1. Das erwünschte Verhalten wird positiv, konkret und verständlich formuliert.
   Beispiel: «Ich melde mich, wenn ich etwas sagen möchte.»

2. Es wird ein auf den Schüler individuell zugeschnittenes Verstärkungsmenü festgelegt.
   Beispiel: «Wenn du dich während einer Unterrichtsstunde an die Regel gehalten hast, bekommst du einen Punkt. Wenn du 50 Punkte erreicht hast, darfst du mit deinem Papa zu einem Heimspiel des VFB Stuttgart.»

3. Es wird geregelt, wann und wie die Tokens zugeteilt werden.
   Beispiel: «Du kommst am Ende der Unterrichtsstunde zu mir. Ich werde dann, wenn du dich an die Regel gehalten hast, ein Smiley in deinen Änderungsplan stempeln.»

4. Die Zuteilung der Tokens wird auf einem speziell dafür entworfenen Formblatt fortlaufend dokumentiert (siehe unten).

Das Token-Programm ist ein Anreiz für die Verhaltensänderung. Der Änderungserfolg wird bedeutsam gefördert, wenn die Zuteilung des Tokens mit einer verbalen Verstärkung verknüpft wird. Beispiel: «Ich freue mich, dass du dich auch heute wieder an die Regel gehalten hast.»

Ist das Änderungsziel erreicht, sollte das Token-Programm ausgeblendet werden. Ansonsten bleibt das gewünschte Verhalten von externen Verstärkern abhängig. Ausblenden bedeutet, den Schüler oder die Gruppe in immer größer werdenden Intervallen für das erwünschte Verhalten zu verstärken. Im Verlauf des Ausblend-Prozesses soll die materielle Verstärkung durch verbale Verstärkung ersetzt werden. Das Ausblenden dauert so lange, bis das ursprünglich extrinsisch motivierte Verhalten intrinsisch gesteuert wird. Nach einer gewissen Zeit, vor allem nach längeren Ferien, kann eine Auffrischung des Token-Programms notwendig werden.

Interventionsbeispiel

Ralf besucht die Klasse 6 der Realschule. Er fällt im Mathe-Unterricht durch häufiges Schwätzen auf. Erziehungsmittel wie Ermahnen, Strafarbeiten und Eintrag wirken nur kurzfristig.

Ralf erklärt sich sein Problemverhalten so: «Manchmal ist der Unterricht zu langweilig, dann schwätz ich halt. Ich erzähle meinen Klassenkameraden allerhand Neues. Das finden die gut. Ab und zu erzähl ich auch einen Witz. Zurzeit schwätzen wir viel über Fußball.»

Mit Ralf wird ein Token-Programm durchgeführt. Er soll sich ändern lernen, indem er für das Wunschverhalten am Ende der Mathematikstunde täglich verstärkt wird. Er erhält

- zwei Punkte, wenn ihm das Aufpassen gut gelungen ist

- einen Punkt, wenn ihm das Aufpassen teilweise gelungen ist

- Keinen Punkt, wenn er in das alte Störverhalten zurückgefallen ist.

Erreicht Ralf mehr als 21 Punkte, erhält er eine materielle Belohnung. Er darf sich eine Basecap kaufen.

Es ist mir heute gelungen, in der Mathematikstunde gut aufzupassen.

Mathematikstunde	Punkte
3.10	1
4.10.	0
5.10.	2
6.10.	2
7.10.	0

Mathematikstunde	Punkte
10.10.	2
11.10.	2
12.10.	2
13.10.	1
14.10.	2
17.10.	1
18.10.	2
19.10.	2
20.10.	1
21.10.	2

Kooperative Verhaltensänderung mit der Klasse

Zugespitzt formuliert lautet die Grundhaltung ... bei kooperativem Vorgehen: «Wie lösen wir das Problem?»

Hans-Peter Nolting

Besteht die Unterrichtsstörung aus einem die ganze Klasse betreffenden Verhaltensproblem, könnte eine kooperative Verhaltensmodifikation in Frage kommen, wie sie von Redlich und Schley (1981) entwickelt und in der Schulpraxis erprobt worden ist. Ziel der kooperativen Verhaltensmodifikation ist eine gemeinsame, von Lehrern und Schülern getragene Diagnose und Bewältigung eines kollektiven Störverhaltens. Besonders gut geeignet ist sie für das Disziplinmanagement in der Sekundarstufe.

Die kooperative Verhaltensmodifikation beginnt damit, dass die Lehrperson das Störverhalten zusammen mit den Schülerinnen und Schülern zu analysieren versucht. Dies kann in Form eines selbst konzipierten Fragebogens geschehen. Möglich ist aber auch, dass jeder Schüler der Lehrperson in Briefform mitteilt, warum es momentan zu solchen Disziplinkonflikten kommt und was sie am Unterricht sowie an der Lehrperson zur Zeit stört. Auf der Grundlage der Problemsicht des Lehrers und der Schülermeinungen wird nun eine gemeinsame Problemanalyse erarbeitet. Diese kann so aussehen, dass die Lehrperson eigene Unterrichtsfehler eingesteht (z. B. zu wenig Abwechslung) und die Schüler ihrerseits Verhaltensfehler zugeben (z. B. zu wenig Aufmerksamkeit, zu wenig Mitarbeit).

Aus dem gemeinsam erarbeiteten Erklärungsmodell werden Änderungsziele abgeleitet. Sie können lauten:

- Der Lehrer gibt sich Mühe, einen interessanten Unterricht zu machen.

- Die Schülerinnen und Schüler bemühen sich, mehr mitzuarbeiten.

Zur Unterstützung des Änderungsprozesses können Selbstbeobachtungsbögen eingesetzt werden. Das Lernziel « Mehr Mitarbeit» könnte dann so registriert werden, dass die Schüler jedes Mal, wenn sie sich gemeldet haben, einen Strich machen. Am Ende der Unterrichtswoche wird dann ausgewertet, wie sich das Mitarbeitsverhalten entwickelt hat. Eine weitere Unterstützung erfährt die Verhaltensänderung durch die Vereinbarung einer gemeinsamen Belohnung (z. B. ein Klassenfest). Sobald der Erfolg sich stabilisiert, werden die verhaltensändernden Maßnahmen nach und nach ausgeblendet.

Zur abschließenden Bewertung kann man nochmals eine Klassen-Befragung durchführen und die Beziehung zur Lehrperson, ihr Lehrverhalten sowie die Schülerzufriedenheit neu einschätzen lassen.

Ablauf der kooperativen Verhaltensmodifikation

Gemeinsame Diagnose

- Erfassung der Schülersicht
- Erfassung der Lehrersicht
- gemeinsames Erklärungsmodell

Gemeinsame Änderungsplanung

- gemeinsame Zielbestimmung
- Bestimmung der Änderungsmethode
- Zeitplanung

Gemeinsame Durchführung

- Methoden
- Stabilisierung
- Abschließende Bewertung
- Verstärkung

Auszeit im Trainingsraum

Der Trainingsraum wird sehr erfolgreich an der Schule praktiziert. Die Akzeptanz unter Eltern und Schülern ist nach anfänglicher Skepsis groß.

Alemannen Realschule Müllheim

Wenn Schülerinnen und Schüler trotz Grenzziehung und Ermahnungen weiterhin stören, kann die Konsequenz eine Auszeit im Trainingsraum sein. Das Trainingsraum-Programm geht zurück auf Ed Ford (1994 und 1997). Weil er das Programm in Phoenix/Arizona initiiert und zum ersten Mal angewandt hat, wird es auch als Arizona-Modell bezeichnet. Ed Ford hält drei Grundsätze für maßgebend:

1. Jeder Lehrer hat das Recht ungestört zu unterrichten.

2. Jeder Schüler hat das Recht ungestört zu lernen.

3. Beide müssen das Recht des anderen akzeptieren.

Ziel des Trainingsraum-Programms ist es, die Eigenverantwortung der Schülerinnen und Schüler für ihr Verhalten zu fördern. Sie sollen sich der Folgen ihres Störverhaltens bewusst werden und darüber reflektieren. Diese Reflexion bleibt nämlich bei vielen Störern aus. Gedankenlos unterbrechen sie den Lehr- und Lernprozess, ohne zu erkennen, dass sie sich selbst und der Lerngemeinschaft schaden.

Fällt ein Schüler wiederholt im Unterricht auf, wird ihm klar gemacht, dass er die Grundregeln der Lerngemeinschaft verletzt. Er muss einsehen, dass er die gesetzten Grenzen überschritten hat und jetzt Verantwortung tragen muss. Er wird auf sein Fehlverhalten mit der Frage «Was tust du gerade?» hingewiesen. Gleichzeitig wird nochmals die Regel, die er gebrochen hat, verdeutlicht. Danach wird er gefragt, ob er sein Fehlverhalten ändern möchte. Tut er dies, ist der Störfall vorerst beendet. Es wird jetzt erwartet, dass er die Regel einhält. Tut er dies nicht, muss er das Klassenzimmer verlassen und in den Trainingsraum gehen.

Im Trainingsraum wird der Schüler vom Trainingsraumlehrer begrüßt. Er nennt diesem seinen Namen und überreicht ihm das Zuweisungsformular. Auf dem Formular ist die Störung, weswegen der Schüler das Klassenzimmer verlassen musste, kurz beschrieben.

Da manchen Schülerinnen und Schülern die Selbstreflexion schwerfällt, sollte sie der Trainingsraumlehrer zumindest anfangs unterstützen. Insbesondere dann, wenn sie über das Ziel ihres Störverhaltens und alternative Wege der Zielerreichung nachdenken sollen. Auf der Basis dieser ersten Hilfe fertigt der Schüler seinen Rückkehrplan an, indem er die Leitfragen (siehe unten) schriftlich beantwortet. Weigert sich ein Schüler, den Rückkehrplan zu schreiben, wird er, vorausgesetzt dass jemand zu Hause ist, nach Hause geschickt. Er muss dann zusammen mit den Eltern zu einem Gespräch in die Schule kommen. Erst wenn er den Plan ausgefüllt hat, darf er wieder am Unterricht teilnehmen.

Der Trainingsraumlehrer sieht sich den fertigen Rückkehrplan an. Er prüft, ob dieser formal und inhaltlich okay ist. Fällt die Prüfung negativ aus, muss nachgebessert werden.

Nun kehrt der Schüler in das Klassenzimmer zurück. Entweder in derselben Stunde oder später zeigt er seinen Plan derjenigen Lehrperson, die ihn in den Trainingsraum geschickt hat. Die Lehrperson sieht sich den Plan ebenfalls an, korrigiert ihn gegebenenfalls und trifft mit dem Schüler eine Vereinbarung. Sie besteht darin, dass der Schüler die versprochene Verhaltensänderung realisiert und der Lehrer die Umsetzung motivierend begleitet.

Übersteigt die Anzahl der Trainingsraum-Besuche den festgelegten Grenzwert, finden Gespräche mit den Eltern und den beteiligten Lehrern statt, um weitere Konsequenzen zu erörtern.

Mein Rückkehrplan

Name, Vorname:

Klasse:

Datum:

Uhrzeit:

1. Worin bestand deine Störung?

2. Was wolltest du damit erreichen?

3. Kannst du dieses Ziel auch anders erreichen? Auf welche Weise?

4. Wer kann dich bei der Umsetzung des Plans unterstützen?

5. Wen fragst du nach dem versäumten Unterrichtsstoff und nach den Hausaufgaben?

6. Welcher Lehrerin/welchem Lehrer zeigst du den Rückkehrplan?

Unterschrift der Trainingsraumlehrerin/des Trainingsraumlehrers

---

Unterschrift der Schülerin/des Schülers

Außerschulische Hilfen

Der wichtigste Helfer – wohl aber nicht der einzige – für den Lehrer ist ohne Zweifel der Schulpsychologe.

Walter Bärsch

Wenn Disziplinprobleme sich trotz intensiver pädagogischer Bemühungen nicht lösen lassen, müssen außerschulische Hilfen in Anspruch genommen werden. Als erste Hilfeeinrichtung bietet sich der Schulpsychologische Dienst an. Träger dieser auch als Schulpsychologische Beratungsstellen bezeichneten Einrichtungen sind großenteils die Bundesländer oder die Kommunen. Die Adresse der nächsten Beratungsstelle findet man

in Deutschland unter www.schulpsychologie.de

in Österreich unter www.schulpsychologie.at

in der deutschsprachigen Schweiz unter www.schulpsychologie.ch

Die schulpsychologische Beratung ist freiwillig und kostenlos. Sie basiert auf einem Vertrauensverhältnis zwischen dem Berater und dem Ratsuchenden. Grundsätzlich gilt, dass der Schulpsychologe über alle Geheimnisse, die ihm der Ratsuchende mitteilt, gegenüber Dritten Stillschweigen wahren muss.

Bezüglich der Konsultation des Schulpsychologischen Dienstes gibt es generell zwei Wege. Zum einen kann sich die Lehrperson oder das Lehrerteam von dem Schulpsychologen zunächst beraten lassen, wie das Verhalten eines Problemschülers wirksamer gesteuert werden kann. Zum anderen ist es auch möglich, dass die Eltern zu einer Konsultation motiviert werden. Dies ist nicht einfach, da manche Eltern auf eine solche Empfehlung aversiv reagieren. Man kann diese Aversion bewältigen, indem man ihnen mit Fingerspitzengefühl klarmacht, dass professionelle Beratung ihren Leidensdruck und den ihres Kindes wirksam lindern helfen kann.

Die schulpsychologische Beratung beginnt mit einer Problemanalyse, die mit Hilfe von Gesprächen, Verhaltensbeobachtungen und Tests durchgeführt wird. Ziel ist, Ansatzpunkte für eine Problemlösung zu finden. Aufbauend auf den Ergebnissen der Problemanalyse werden in Zusammenarbeit mit dem Schüler, seinen Eltern und der Schule Änderungsziele definiert und Änderungsmaßnahmen eingeleitet. Normalerweise begleitet der Schulpsychologe den Änderungsprozess durch weitere Beratungen.

Bei Disziplinproblemen, deren Ursachenfokus primär in familiären Erziehungsdefiziten liegt, kann auch eine Psychologische Beratungsstelle (Erziehungsberatungsstelle) konsultiert werden (Adressen in Deutschland: www. bke.de). Träger der Erziehungsberatungsstellen sind in der Regel Kommunen, Landkreise, Kirchen und Wohlfahrtsverbände. Die Beratungsteams sind multiprofessionell (Psychologen, Sozialpädagogen, Heilpädagogen, u. a.). Die Beratungsstellen arbeiten mit anderen Einrichtungen zusammen, insbesondere mit sozialen Diensten, Schulen, Kindertagesstätten, Ärzten und Kliniken. Die Inanspruchnahme geschieht auf der Basis von Freiwilligkeit und scheitert normalerweise nicht an finanziellen Fragen. Genauso wie die Schulpsychologischen Beratungsstellen unterliegen die Erziehungsberatungsstellen der Schweigepflicht.

Sowohl die schulpsychologische Beratung als auch die Erziehungsberatung kann durch sozialpädagogische Hilfen (z. B. sozialpädagogische Familienhilfe) ergänzt werden kann. So ist es möglich, dass ein Schüler mit notorischen Hausaufgabenversäumnissen, die auf familiäre Strukturdefizite zurückzuführen sind, eine Zeitlang eine Hausaufgabenbetreuung erhält.

Wird das unterrichtliche Störverhalten trotz Beratung, sozialpädagogischer Betreuung und Therapie nicht spürbar reduziert und gefährdet der Störer in immer stärkerem Maße den Lernerfolg der Mitschülerinnen und Mitschüler, wird die Schule eine sonderpädagogische Maßnahme in Erwägung ziehen müssen. Bevor eine Überweisung an eine Sonderschule für Erziehungshilfe beantragt wird, sollte in einer Helferkonferenz, an der die schulischen und außerschulischen Partner teilnehmen, eine Ist-Analyse stattfinden. In dieser Runde ist ehrlich zu bilanzieren, warum es keine Fortschritte gegeben hat. Gleichzeitig ist auch zu reflektieren, ob im bisherigen Hilfekonzept noch Korrekturen mit der Aussicht auf eine Verhaltensänderung möglich sind. Ist dem nicht so, führt nichts mehr an einem Überweisungsantrag vorbei. Er ergeht an die Schulaufsichtsbehörde, die eine Schule für Erziehungshilfe mit der Überprüfung des sonderpädagogischen Förderbedarfs beauftragt. Aus der Diagnose erfolgt entweder eine ambulante Hilfe oder eine direkte Überweisung in die Erziehungshilfe-Schule. In besonders schweren Fällen, insbesondere wenn das Jugendamt oder ein Familiengericht eine häusliche Erziehungsunfähigkeit feststellen, kann der Schüler auch in eine Heimsonderschule überwiesen werden.

Exkurs: Ausgeprägte Aufmerksamkeitsstörung mit Hyperaktivität (ADHS)

Deuten die schulischen Beobachtungen und die diagnostischen Erkenntnisse bereits konsultierter Beratungsstellen darauf hin, dass eine ausgeprägte Aufmerksamkeitsstörung mit Hyperaktivität (ADHS) vorliegt, sollten die Eltern zu einer medizinischen Konsultation motiviert werden. In Frage kommen sowohl privat praktizierende Spezialisten (Facharzt für Kinder- und Jugendpsychiatrie, Kinderarzt) als auch klinische Einrichtungen (Kinder- und Jugendpsychiatrie, Kinderklinik). Wird die ADHS-Hypothese unter Ausschluss von anderen Störungen (z. B. Schilddrüsenüber- oder -unterfunktion) bestätigt, wird man die Störung meist durch eine Kombination von medikamentöser Basisbehandlung und zusätzlicher verhaltenstherapeutischer Maßnahmen angehen. Die behandelnden Fachpersonen sollten die Schule auch darüber informieren, wie sie die medizinisch-psychologische Therapie pädagogisch unterstützen kann. Um diese Kooperation zu ermöglichen, müssen die Eltern den Arzt beziehungsweise den Psychologen von der Schweigepflicht entbinden. Unter der Voraussetzung, dass dies tatsächlich auch erfolgt ist, ist ein regelmäßiger Austausch über die Situation des Kindes zu vereinbaren.

Unabhängig von individuellen Empfehlungen der externen therapeutischen Helfer können folgende Tipps für Lehrpersonen hilfreich sein:

- Berücksichtigen Sie immer, dass gravierend aufmerksamkeitsgestörte Kinder nicht aus Aggressionslust stören, sondern weil sie aufgrund eines neurogenen Problems sich nicht steuern können.

- Reduzieren Sie Ablenkungen auf ein Mindestmaß und sorgen Sie vor allem dafür, dass das Kind möglichst vorn in Ihrer Nähe sitzt und auf seiner Tischfläche nur aktuell notwendige Lern- und Arbeitsmittel liegen.

- Geben Sie klare und kurze Arbeitsanweisungen. Wiederholen Sie diese gegebenenfalls oder fordern Sie das Kind auf, diese zu wiederholen.

- Gliedern Sie den Lehr-Lern-Prozess in kurze und überschaubare Arbeitsschritte mit Verschnaufpausen dazwischen.

- Achten Sie darauf, dass viele aufmerksamkeitsgestörte Kinder in den großen Pausen und im Sportunterricht in ausreichendem Maße ihren Verhaltensüberschuss loswerden können.

- Unterbrechen Sie Störverhalten ruhig und klar durch kurze verbale Botschaften («Stopp Steffen») und nonverbale Signale (z. B. Blickkontakt, Signalkarten).

- Verstärken Sie positives Verhalten und auch noch so kleine Verhaltensfortschritte systematisch durch Lob und materielle Verstärker.

Zum Nachdenken

Simone besucht die 8. Klasse des Gymnasiums. Sie ist 15 Jahre alt und lebt in einer Elternfamilie. Der Vater hat die Familie vor drei Jahren verlassen. Weder die Mutter noch Simone haben Verbindung zu ihm. Simone ist ein couragiertes und selbstbewusstes Mädchen. Wenn ihr etwas nicht passt, spricht sie dies offen aus. In der Machthierarchie der Klasse befindet sie sich auf den oberen Rangplätzen, in der Leistungshierarchie auf den mittleren.

Seit Beginn der 8. Klasse hat Simone einen Konflikt mit Herrn X. Dieser gilt unter den Schülern als eher streng. Er hat einen straffen Unterrichtsstil und verlangt leistungsmäßig bisweilen mehr, als in diesem Fach üblich ist.

Simone legt sich mit dem Lehrer immer mal wieder an. Sie kommentiert seine Standpunkte negativ, stellt Arbeitsaufträge in Frage und opponiert gezielt. Als Herr X vor kurzem die Klasse aufforderte, Gründe für und gegen die Todesstrafe in einer Stillarbeit aufzuschreiben, war Simones Reaktion: «So ein Quatsch!» Auf die Frage, warum dies Quatsch sei, antwortete Simone: «Das weiß ich doch, das brauche ich nicht aufzuschreiben.»

Mit solchen Provokationen bringt Simone Herrn X auf die Palme. Er schreit sie dann an. Daraufhin ist sie meistens ruhig, setzt den Konflikt aber mit mimischen Methoden fort, was den Kontrahenten noch mehr ärgert.

Der Konflikt dauert nun schon dreieinhalb Monate und eskaliert immer mehr. Für Herrn X wird die Situation unerträglich. Der Ärger geht ihm im wahrsten Sinne des Wortes auf den Magen. Er glaubt Anzeichen zu erkennen, dass Simones Disziplinlosigkeit von Mitschülern imitiert wird. Er befürchtet, dass seine bisherige Autorität zerfällt und ihm die Unterrichtsführung allmählich aus den Händen gleitet. Über kurz oder lang, so seine Befürchtung, wird sich der Autoritätsverlust an der Schule herumsprechen. Und die Schüler denken: «Den kann man ärgern und fertigmachen!»

Herr X versucht seine bisherige Problembewertung zu verändern:

«Schülerkritik muss nicht unbedingt schädlich sein. Sie kann auch positive Hinweise zur Weiterentwicklung und Verbesserung des Unterrichtsstils enthalten.»

«Simones Problemverhalten wurzelt nicht in einer Aggressionslust mir gegenüber. Offensichtlich überträgt sie negative Vater-Erfahrungen auf mich. Ich erinnere sie bezüglich meines persönlichen Stils wahrscheinlich an ihren Vater. Ich bin in den Sog einer Übertragungsbeziehung geraten. Meine Reaktionen (Unverständnis, Anschreien) ähneln womöglich denen von Simones Vater.»

«Der Teufelskreis zwischen mir und Simone ist inzwischen so geschlossen, dass sie von mir die bisherigen Reaktionen erwartet: Ärger, Unverständnis, Schreien (= Lösungen erster Ordnung). Will ich diesen Teufelskreis aufbrechen, muss ich mich anders verhalten.»

Diese Einsicht versucht Herr X nun in sein unterrichtliches Handeln umzusetzen. In einer der nächsten Stunden bricht der Teufelskreis auf, und zwar in der folgenden Situation.

Herr X: «Das Welternährungsproblem lässt sich nur lösen, wenn wir reichen Länder jährlich 10 % unseres Einkommens an die Entwicklungsländer abgeben.»

Simone: «Quatsch, das hilft doch denen nichts.»

Herr X bleibt wider Erwarten gelassen und sagt: «Okay, Simone, es kann ja sein, dass dies Quatsch ist. Dann aber erklär uns mal, wie du das Welternährungsproblem lösen würdest!» Simone nimmt den Ball auf und begründet, warum finanzielle Hilfe allein nichts nützt. Die Menschen in der Dritten Welt würden dieses Geld oft in unnütze Sachen investieren. Sie bräuchten gezielte Selbsthilfe, um sich selbst ernähren zu können. Dies konkretisiert sie weiter. Herr X lobt Simone für den Beitrag. Simone und die Klasse sind sichtlich verdutzt.

In den nächsten Wochen beginnt sich der Teufelskreis allmählich aufzulösen. Danach gefragt, warum dieser Änderungsprozess in Gang gekommen ist, antwortet Herr X: «Ich habe zum einen Simone anders sehen gelernt. Mir ist klar geworden, warum ich in diesen Konflikt geraten bin. Als sie mich wegen dem Welternährungsproblem provozierte, kamen die üblichen Ärgergefühle nicht in mir hoch. Ich hatte Spielraum, um mich anders zu verhalten.»

Sechs Wochen nach dem Erstgespräch spricht Herr X Simone nach der Stunde an und sagt: «Simone, anfangs hatten wir es sehr schwer miteinander. Jetzt bist du eine sympathische Schülerin geworden.» Simones kurze Antwort: «Und Sie sind halt auch anders geworden.»

7 Störungsprävention

Vorbeugen ist besser als Heilen. Was der Medizin recht ist, müsste der Pädagogik billig sein.

Wolfgang Memmert

Es gibt Unterrichtsforscher, die der Meinung sind, dass sich viele Unterrichtsstörungen durch eine effiziente Klassenführung vermeiden lassen. Der prominenteste Vertreter dieses Standpunktes ist Jacob Kounin (2006). Er hat viele Unterrichtsstunden videografiert und anschließend analysiert. Die zentrale Schlussfolgerung aus seinen Unterrichtsstudien lautet: Erfolgreiche Lehrerinnen und Lehrer verfügen über besonders wirksame Methoden der Klassenführung:

- Allgegenwärtigkeit: Den Blick so wandern lassen, dass das Klassengeschehen überschaubar bleibt und dies den Schülern auch bewusst wird.

- Überlappung: Sich gleichzeitig um mehrere Vorgänge kümmern. Zum Beispiel einem Schülerbeitrag zuhören und mit der Hand einen anderen Schüler um Ruhe bitten.

- Reibungslosigkeit und Schwung: Den Unterrichtsablauf bzw. den Phasenwechsel so gestalten, dass es nicht zu Verzögerungen kommt.

- Überdrussvermeidung: Durch Abwechslung und Forderung das Interesse der Schüler wecken und aufrechterhalten.

- Aufrechterhaltung des Gruppenfokus: Viele dran nehmen und sich über deren Leistung informieren.

Kounins Techniken der Klassenführung sind sehr plausibel, und sie dürfen im Repertoire einer Lehrperson nicht fehlen. Dennoch sei vor der Annahme gewarnt, dass ihre Anwendung garantiert störungspräventiv wirkt. Denn man muss wissen, dass Kounins Untersuchungen und ähnliche Klassenzimmer-Studien (z. B. Rheinberg/Hoss 1979) in den siebziger Jahren des vorigen Jahrhunderts stattfanden. Seither haben sich das Erleben und Verhalten von Kindern und Jugendlichen so stark verändert, dass ein breiter angelegtes Konzept der unterrichtlichen Störungsprävention vonnöten ist.

Positive Autorität

Der springende Punkt ist, ob man Autorität hat oder eine Autorität ist.

Erich Fromm

Lange Zeit war der Begriff «Autorität» in der pädagogischen Diskussion negativ besetzt. Hauptgrund war, dass man ihn mit «autoritär» gleichsetzte, also mit dem gezielten Unterdrücken der Selbstentfaltung.

Seit dem sprunghaften Anwachsen der Erziehungs- und Disziplinschwierigkeiten ist eine kontinuierliche Gesundung im gestörten Verhältnis zum Autoritätsbegriff festzustellen. Sowohl die Erziehungstheoretiker als auch die Erziehungspraktiker sind mehrheitlich zur Erkenntnis gelangt, dass Kinder und Jugendliche ein angemessenes Maß an Autorität brauchen. Gemeint ist damit weniger die klassische Amtsautorität, sondern die Personenautorität. Das heißt, dass ein Erwachsener durch das Medium seiner Person auf die Lern- und Verhaltensentwicklung positiv einwirkt.

Wer als Lehrperson das Klassenzimmer betritt, ist immer auch Autoritätsperson. Sie übernimmt Führungsverantwortung – egal ob sie Klassenlehrer oder Fachlehrer ist. Das heißt, sie muss dafür sorgen, dass die gesetzten Lern- und Verhaltensziele erreicht werden. Wenn sie nicht führt, wird sie recht bald von der Klasse geführt und beherrscht.

Führung ist, sozialpsychologisch definiert, eine zielsetzende und koordinierende Tätigkeit in einer Gruppe oder Organisation. Zu fragen ist, wie sich eine Lehrperson verhalten soll, um von der Klasse als Führungsperson anerkannt zu werden. Nach Memmert (2002, S. 17 ff.) lassen sich darauf folgende Antworten geben:

- Sie muss ihre Position als Führungsperson immer wieder sichtbar und hörbar verdeutlichen.

- Sie muss in entscheidenden Momenten initiativ werden und klar sagen, was zu tun ist.

- Sie muss Verhaltensregeln vermitteln und deren Beachtung einfordern.

- Sie muss die Klasse als Gruppe durch neue Impulse, Ziele, Maßstäbe und Aufgaben weiterbringen.

- Sie muss die Klasse als Ganzes im Auge haben und auf das gruppendynamische Gleichgewicht achten.

- Sie muss der Klasse das Gefühl geben, dass sie diese nach außen vertritt.

Führung im pädagogischen Sinne darf nicht nur aus Lenkung bestehen. Dann besteht die Gefahr, dass das Beziehungsklima erkaltet. Wer eine Klasse führt, muss Lenkung und Menschlichkeit miteinander verbinden. Konkret heißt dies, den Schülerinnen und Schülern nahe sein, mit ihnen Freud und Leid teilen sowie Wertschätzung, Verständnis, Interesse und Respekt zeigen. Respekt erkennt man daran, dass die Lehrperson Killerbotschaften wie Ehrverletzungen, Herabwürdigungen, Bloßstellungen und Kränkungen vermeidet. In kritischen Konfliktsituationen erfordert dies ein hohes Maß an Affektkontrolle, denn manche Schülerinnen und Schüler provozieren bewusst, um Spannungen abzubauen oder um Grenzen auszutesten. Statt einer Gegenaggression sollte die Lehrperson dem Schüler die Tatsache der Grenzüberschreitung verdeutlichen und mit seiner ganzen Betroffenheit zurückmelden, was diese in ihm ausgelöst hat. Hat man es in einer Konfliktsituation nicht geschafft, Affekte zu kontrollieren, tut man gut daran, sich zu entschuldigen und um Verzeihung zu bitten. Die Gefahr, dass man dadurch seine Position schwächt, ist gering. Eher das Gegenteil wird der Fall sein. Die Schülerinnen und Schüler erleben eine solche Lehrperson als Menschen, der einen Fehler eingesteht, der sie ernst nimmt und der an einem guten Beziehungsklima sehr interessiert ist. Ihr wiedergutmachendes Verhalten kann somit auch zum Vorbild für die Lösung von Schüler-Schüler-Konflikten werden.

In bestimmten disziplinschwierigen Phasen kommt man jedoch nicht umhin, das empathische Beziehungsverhalten zu «suspendieren», weil man notwendige Grenzen zu ziehen hat, und zwar in Form von Appellen, Kritik und Sanktionen. Normalerweise akzeptiert dies die Klasse als unumgänglichen Eingriff, ja fordert es bisweilen sogar ein. Gleichzeitig werden die Grenzüberschreiter und Normverletzer darauf aversiv reagieren. Dies auszuhalten und zu verarbeiten fällt der menschlichen Führungsperson nicht leicht. Die folgende Einstellung kann ihr dabei behilflich sein: Wer führt, muss in Kauf nehmen und aushalten, dass er nicht ständig geliebt wird.

Einem weiteren Missverständnis sei noch vorgebeugt. Und zwar der Einstellung, ständig führen zu müssen. Würde man dies tun, entstünde binnen kurzer Zeit eine Übersteuerung. Wichtig ist, dass die Lehrperson sich zwischendurch zurücknimmt und Raum gewährt für die Selbstführung der Klasse. Besitzt die Klasse einen guten Gruppengeist, kann sie durch Selbstregulation unnötige pädagogische Energieausgaben vermeiden helfen.

Wer als pädagogische Führungsperson wirksam werden möchte, braucht zum einen ein selbstbewusstes Auftreten, das allerdings nicht mit Arroganz verwechselt werden darf. Zum anderen ist ein positives Erscheinungsbild vonnöten. Erstens versteht man darunter ein gepflegtes Äußeres und eine ordentliche Kleidung. Zweitens gehört dazu eine Sprache, die sich von der Szenesprache der Jugendlichen unterscheidet. Drittens erkennt man es an einem vorbildlichen, höflichen Umgangsstil.

Ob eine Lehrperson von einer Schulklasse als Autoritätsperson wahrgenommen und akzeptiert wird, entscheidet sich oft schon in der ersten Unterrichtsstunde. Spätestens nach 90 Sekunden, bisweilen schon nach 150 Millisekunden ist das erste «Lehrerbild» perfekt. Es entsteht blitzlichtartig aus einer Kombination sprachlicher und nichtsprachlicher Erscheinungsmerkmale. Dieses Ergebnis der Hirnforschung muss zur Konsequenz haben, dass sich die Lehrperson auf die erste Begegnung mit der neuen Klasse mental gut vorbereitet und sich wirksam präsentiert.

Kollegialer Grundkonsens

Schule funktioniert nur, wo gemeinsame Wertvorstellungen herrschen, man gemeinsam verstandenen Prinzipien folgt.

Hartmut von Hentig

Verhaltensstörungen treten dort häufiger auf, wo sich Lehrerinnen und Lehrer hinsichtlich grundsätzlicher Erziehungsziele und Erziehungsmethoden uneins sind, wo Beliebigkeit und Gegenläufigkeit das pädagogische Handeln kennzeichnen. Daraus folgt, dass ein Erziehungskonsens erarbeitet werden muss, an dem sich das pädagogische Handeln ausrichtet. Ort dieser Konsensbildung sind die Gesamtlehrerkonferenz und/oder die Klassenkonferenz. Rutter u. a. (1980) fand in seiner berühmt gewordenen Schulqualitätsstudie heraus, dass ein Erziehungskonsens Disziplinprobleme in deutlichem Maße reduzieren hilft. Es versteht darunter nicht ein Handlungskorsett, das den einzelnen Lehrer einengt, sondern einen Handlungsrahmen. Dieser besteht aus gemeinsam erarbeiteten und getragenen Grundsätzen, an denen sich die tägliche Erziehungsarbeit orientiert.

Am notwendigsten ist die Konsensbildung auf der Klassenebene. Ihre Verwirklichung lässt sich am besten fördern, wenn man am Schuljahresbeginn in jeder Klasse eine pädagogische Konferenz durchführt, auf der die Ziele der Erziehungsarbeit bestimmt und deren Umsetzung kooperativ geplant werden. Dies kann in einem zielorientierten Dialog geschehen, den die Klassenleitung moderiert und an dessen Ende klar ist, wo man an einem Strang ziehen muss. Darüber hinaus ist auch ein systematischeres Vorgehen nach der Moderationsmethode möglich, das folgendermaßen ablaufen könnte:

Die in einer Klasse unterrichtenden Lehrerinnen und Lehrer, auch Klassenteam genannt, treffen sich am Schuljahresbeginn, um ihre persönlichen Erziehungskonzepte auszutauschen. Zu Beginn notiert jede Teilnehmerin, jeder Teilnehmer stichwortartig Antworten auf folgende Fragen:

- Welche Erwartungen habe ich an das Verhalten der Schüler?

- Wie reagiere ich auf Disziplinstörungen?

Anschließend werden die persönlichen pädagogischen Vorstellungen im Gespräch ausgetauscht. Darauf aufbauend schreiben alle auf Moderationskarten stichwortartig und konkret (z. B. versäumte Hausaufgaben nachholen) auf, wo gemeinsam im Sinne eines Grundkonsenses gehandelt werden muss. Die Karten werden nun gruppiert und mit Überschriften versehen.

Nach dieser Erhebung wird bilanziert, wo es Konsens und wo es Dissens gibt. Die weitere Gruppenarbeit muss sich nun darauf konzentrieren, die verschiedenen Standpunkte zunächst noch einmal zu beleuchten und dann im konstruktiven Gespräch eine Einigung hinsichtlich der pädagogischen Grundsätze zu erreichen. Diese Prozedur kann auch in Form einer Mehrpunktabfrage durchgeführt werden. Jede teilnehmende Person bekommt hierfür Klebepunkte. Die Zahl der Klebepunkte wird nach folgender Formel errechnet: Anzahl der zu bepunktenden Alternativen dividiert durch zwei. Aufgrund der Punktvergabe wird dann ersichtlich, wo konsensuell gehandelt werden muss. Resultat dieser Konsensfindung ist ein gemeinsames pädagogisches Konzept.

Während des Schuljahres muss in weiteren Konferenzen immer mal wieder das gemeinsame pädagogische Handeln kritisch reflektiert werden. Hierzu dienen folgende Leitfragen:

- Wo ist es uns gelungen an einem Strang zu ziehen?

- Wo gibt es Schwierigkeiten?

- Wie können diese Schwierigkeiten behoben werden?

Professionelle Klassenleitung

Die Aufgabe als LehrerIn und insbesondere als KlassenlehrerIn wird natürlich durch eine positive Grundeinstellung, Engagement und Freude an der Arbeit erleichtert.

Kerstin Klein

Die Klassenleitung hat eine Schlüsselrolle in der pädagogischen Präventionsarbeit. Sie muss die Klassenentwicklung fördern, Konflikte früh erkennen und managen sowie einzelne Schülerinnen und Schüler in den Blick nehmen, beraten und begleiten. Was sie wahrnimmt, darf nicht bei ihr verbleiben, sondern ist eine wichtige Information für die Mitglieder des Klassen-Lehrerteams. Wahrscheinlich reicht die Zeit nicht aus, um bei jedem Informationsanlass im Team zu tagen. Realisierbarer sind rasche Informationswege in der Pause: «Ralf gerät aus meiner Sicht immer mehr in die Außenseiterposition. Wie siehst du das? Was können wir für ihn tun?» Rasche Antworten auf solche Fragen können hilfreiche Informationen und Lösungsideen liefern.

Neben dem täglichen Konfliktmanagement muss es zentrales Ziel der Klassenleitung sein, ein positives Klassenklima zu schaffen. Denn vom Klassenklima hängt es ganz entscheidend ab, wie wohl sich eine Schülerin oder ein Schüler in der Schule insgesamt fühlt. Und das Wohlbefinden wiederum beeinflusst seine Lern- und Verhaltensentwicklung.

Das Klassenklima ist die subjektiv wahrgenommne Grundstimmung einer Schulklasse. Es resultiert aus der Qualität der Schüler-Schüler- und der Lehrer-Schüler-Beziehungen. Die Klimata der verschiedenen Schulklassen generieren die Großwetterlage einer Schule, was auch als Schulklima bezeichnet wird.

Nach Satow (1999) sind Hauptmerkmale eines guten Klassenklimas individualisierte Lehrer-Schüler-Beziehungen und unterstützende Schüler-Schüler-Beziehungen. Unter individualisierter Lehrer-Schüler-Beziehung versteht man, dass sich die Lehrperson bei der Leistungskommentierung an den individuellen Lernfortschritten des einzelnen Schüler orientiert und Fürsorglichkeit praktiziert. Unterstützende Schüler-Schüler-Beziehung meint, dass die Schülerinnen und Schüler hilfsbereit sind, aufeinander Rücksicht nehmen und sich füreinander verantwortlich fühlen.

Ein gutes Klassenklima entsteht selten autonom. Ganz entscheidend hängt es von den sozialerzieherischen Bemühungen der Klassenleitung, des Klassen-

Lehrerteams und dem sozialen Ethos der Schule ab. Eine führende Rolle bei der Klimaförderung hat der Klassenlehrer. Er hat eine primäre Verantwortung für das schulische Wohlbefinden der Schülerinnen und Schüler.

Für die Klimaförderung auf Klassenebene ist ein pädagogisches Konzept vonnöten, das die Klassenleitung möglichst am Schuljahresbeginn mit ihrem Klassen-Lehrerteam erarbeitet. Grundsätze eines solchen Konzepts können sein, dass

- positive Umgangsformen aktiv eingefordert werden

- alle darauf achten, dass niemand ausgegrenzt wird

- im Falle von gravierender Gewalt konsequent reagiert wird

- regelmäßig Klassengespräche stattfinden

- aktuelle Konflikte aufgearbeitet werden

- zusammen mit allen Schülerinnen und Schülern ein Klassenkodex entwickelt wird

- auf der Basis des Klassenkodexes Verhaltensbilanzen durchgeführt werden

- Feste, Feiern, Fahrten und Aktionen (z. B. Lesenacht) durchgeführt werden

- das Klassenzimmer wohnlich gestaltet wird

- die Eltern am Elternabend über die Klassenentwicklung und das Klassenklima informiert werden

- die Eltern um Mitarbeit bei der Förderung des Sozialverhaltens gebeten werden.

Hauptinstrument der Klimapflege ist das Gespräch. Hierzu gehören zum einen Gespräche mit einzelnen Schülerinnen und Schülern, in denen man sich mit offenem Ohr nach ihrem Befinden erkundigt und ihnen in der Rolle des aktiven Zuhörers hilft, Bedrückendes von der Seele zu reden. Gelegenheiten hierzu bieten sich in verschiedensten Kontexten, angefangen vom kurzen Pausengespräch bis zum Plausch während eines Klassenausflugs. Zum anderen kann Psychohygiene auch in Form eines Wetterberichts mit der Klasse praktiziert werden. Möglich ist es, diesen mit einer visuellen Klimamessung zu beginnen. Man bittet die Schülerinnen und Schüler, in einem aus vier Feldern bestehenden Klima-Plakat anzukreuzen, wie sie das Klassenklima momentan empfinden.

sonnig	wolkig
bedeckt	regnerisch

Das Ergebnisbild wird nun gemeinsam besprochen. Insbesondere sollte geklärt werden, warum manche das Wetter als schlecht empfinden und wie es verbessert werden kann.

Gibt es größere Klimaprobleme, empfiehlt sich eine Ist- und Soll-Analyse, wie sie von Mitschka (2004) konzipiert worden ist. Hierzu teilt die Klassenleitung den Schülerinnen und Schülern einen schriftlich zu beantwortenden Fragebogen mit folgenden offenen Fragen (leicht modifiziert) aus:

1. Das ist in unserer Klasse gut:

2. Das ist derzeit das Kernproblem in unserer Klasse:

3. Was können die Lehrer zur Lösung des Problems beitragen?

4. Was können die Eltern tun?

5. Was kann ich, was können wir tun?

Die Ergebnisse dieser anonymen Befragung werden zunächst einmal in einer pädagogischen Konferenz besprochen und interpretiert. Die nächsten Schritte zur Problemlösung könnten so aussehen:

Modell A: Die Lehrpersonen einigen sich in derselben pädagogischen Konferenz unter starker Berücksichtigung der Schülervorschläge auf Lösungsbeiträge. Die Schülerinnen und Schüler stimmen in einer Schülerkonferenz unter Moderation des Klassenlehrers ab, welche Lösungsideen sie verwirklichen möchten. Und die Eltern entscheiden auf einem Elternabend darüber, wie sie sich an der Problemlösung beteiligen, wobei auch sie sich an den Vorschlägen der Schülerinnen und Schüler beteiligen sollten.

Modell B: Es findet eine Lehrer-Schüler-Eltern-Konferenz statt, die vom Klassenlehrer moderiert wird. Am Konferenzbeginn schildert er nochmals kurz die Klassenproblematik. Dann präsentiert er die Befragungsergebnisse, und zwar möglichst in prägnanter Form auf Postern. Im Gefolge davon werden die Ergebnisse reflektiert. Entweder durch Vergabe von Klebepunkten oder durch Abstimmung mit dem Stimmzettel, auf den jeder die beste Lösungsidee schreibt, wird ein Maßnahmenkatalog vereinbart. Aus diesem muss klar hervorgehen, wer (Lehrer, Eltern, Schüler) was wann tut. Die Änderungsziele üben mehr Zugkraft aus, wenn sie in Form einer schriftlichen Vereinbarung (Kontrakt) festgehalten werden.

Egal, ob die Problemlösung nach dem Modell A oder nach dem Modell B angepackt wird, sie sollte zu einem späteren Zeitpunkt erfolgskontrolliert werden. Das heißt, dass die Frage beantwortet wird, ob die vereinbarten Maßnahmen zu einer Verbesserung des Klassenklimas und des Klassenverhaltens geführt haben. Gegebenenfalls muss der Maßnahmenkatalog nochmals geändert werden.

Eine weitere Möglichkeit der Bestandaufnahme ist die Befragung mit dem Klassenfragebogen (siehe unten). Er besteht aus zentralen Aussagen zum Klassenverhalten, die in positiver Form formuliert sind. Jeder Schüler kreuzt auf seinem Fragebogen an, in welchem Maße diese Aussage auf die Klasse zutrifft. Die Befragung wird anonym durchgeführt. Der erste Auswertungsschritt besteht darin, pro Frage Mittelwerte zu errechnen.

Der Klassenfragebogen

Mit diesem Fragebogen könnt Ihr eure Klasse und euer Klassenverhalten einschätzen. Aus dem Ergebnis der Befragung lässt sich ersehen, was bei euch gut klappt und was noch verbessert werden muss. Die Befragung ist anonym, du musst deinen Namen nicht angeben.

Kreuze immer die Antwort an, die aus deiner Sicht auf deine Klasse zutrifft.

	immer	oft	manch- mal	selten	nie
1. Wir fühlen uns in unserer Klasse wohl.	5	4	3	2	1
2. Wir haben Vertrauen zueinander.	5	4	3	2	1
3. Wir achten uns gegenseitig.	5	4	3	2	1
4. Wir können einander gut zuhören.	5	4	3	2	1
5. Wir kommen gut miteinander aus.	5	4	3	2	1
6. Streitigkeiten lösen wir friedlich.	5	4	3	2	1
7. Wir trauen uns, unsere Meinung frei zu äußern.	5	4	3	2	1
8. Wir fühlen uns für unsere Klasse verantwortlich.	5	4	3	2	1
9. Vereinbarte Regeln halten wir ein.	5	4	3	2	1
10. Wir können gut zusammenarbeiten (z. B. Partner- oder Gruppenarbeit)	5	4	3	2	1
11. Wir helfen uns gegenseitig.	5	4	3	2	1
12. Bei Streitigkeiten können wir uns einigen.	5	4	3	2	1
13. Wir bemühen uns darum, den anderen aus seiner Sicht zu verstehen.	5	4	3	2	1
14. Wir kümmern uns um alle in der Klasse.	5	4	3	2	1
15. Wir trösten uns, wenn es uns schlecht geht.	5	4	3	2	1
16. Wir treffen uns auch außerhalb des Unterrichts (z. B. zu Klassenfesten, Geburtstagsfeiern).	5	4	3	2	1

Wenn man zum Beispiel den Mittelwert für die Frage 1 errechnen möchte, addiert man die angekreuzten Punktwerte und dividiert sie durch die Anzahl der Schüler. Die einzelnen Mittelwerte kann man zu einem Profil verbinden. Aus dem Profil wird ersichtlich, wie weit die Klasse in den einzelnen Verhaltensbereichen vom Idealzustand entfernt ist. Darüber hinaus ist es auch möglich, wenn man ein entsprechendes Computerprogramm oder einen Taschenrechner mit Statistikfunktionen besitzt, zusätzlich zum Mittelwert die Standardabweichung zu errechnen. Diese bringt zum Ausdruck, in welchem Maß die angekreuzten Werte um den Mittelwert streuen. Je geringer die Standardabweichung, desto homogener ist die Selbsteinschätzung der Klasse in Bezug auf das mit der Frage gemessene Merkmal.

Die Ergebnisse werden mit der Klasse besprochen. Danach sollte ein Änderungsprogramm entworfen werden. Das heißt, dass die Schülerinnen und Schüler miteinander vereinbaren, gering ausgeprägte Verhaltensweisen häufiger als bisher zu zeigen. Nach 1-2 Monaten ist eine Erfolgskontrolle fällig. Das heißt, dass dieselbe Befragung noch einmal stattfindet und erneut ein Profil errechnet wird. Aus dem Vergleich der beiden Profile kann man nun ersehen, ob sich das Klassenverhalten tatsächlich verbessert hat.

Obwohl durch die soziale Herkunft und die Persönlichkeit der einzelnen Schülerinnen und Schüler Grenzen gesetzt sind, kann die Klassenleitung die Gruppenstruktur und Gruppendynamik einer Schulklasse beeinflussen. Erste Voraussetzung für eine positive Gruppenentwicklung ist, dass die Klasse einen Kodex des Miteinanders entwickelt. Der Klassenkodex hängt als Poster an der Wand des Klassenzimmers und erinnert alle an ihre Verhaltenspflichten. Ausgangspunkt der Entwicklung eines Klassenkodexes ist folgende zentrale Frage: «Was dürfen dir die anderen nicht antun?» Diese individuellen Verhaltenswünsche werden auf Kärtchen geschrieben. Anschließend werden die Kärtchen von den Schülerinnen und Schülern vorgelesen und auf einer Stellwand oder auf dem Boden zu Gruppen ähnlicher Wünsche zusammengefügt. Die Gruppen erhalten regelartige Überschriften in der Wir-Form (z. B. «Wir gehen friedlich miteinander um»). Als Beispiel sei der folgende Kodex genannt:

- Wir gehen fair miteinander um.

- Wir achten uns gegenseitig.

- Wir hören einander zu.

- Wir äußern Kritik friedlich.

- Wir sind höflich.

- Wir sind ehrlich.
- Wir haben Verständnis füreinander.

Auf diesen Klassenkodex kann während des Schuljahres immer wieder Bezug genommen werden, und zwar vor allem dann, wenn Regeln verletzt worden sind. Die Regelverletzung ist der Ausgangspunkt eines klärenden Dialogs, den die Klasse unter Begleitung der Lehrperson führt. Außerdem sollte die Klasse in regelmäßigen Zeitabständen unter der Moderation des Klassenlehrers bilanzieren, welche Verhaltensziele in den letzten Wochen erreicht worden sind und welche weniger oder gar nicht. Als Konsequenz aus dieser Bilanz nimmt sich die Klasse vor, in der kommenden Zeit auf die Einhaltung vernachlässigter und verletzter Regeln besonders zu achten.

Ein weiterer Schritt zur Förderung der Klassengemeinschaft ist der Klassenrat (Blum/Blum 2006). Das Modell des Klassenrates stammt von Rudolf Dreikurs, einem Schüler des Tiefenpsychologen Alfred Adler. Der Klassenrat ist ein Forum in der Schulklasse, das einmal pro Woche stattfindet. Hier erhalten alle Klassenmitglieder die Gelegenheit, Probleme und Konflikte anzusprechen und gemeinsam zu lösen. Das Forum dient nicht nur der kurzfristigen Konfliktlösung, sondern es soll langfristig dazu beitragen, Verantwortungsbewusstsein und Gemeinschaftsfähigkeit zu lernen. Beides sind nach Alfred Adler primäre Ziele der menschlichen Entwicklung.

Der Klassenrat bedarf einer guten Struktur, will er tatsächlich auch gelingen. Eine erste Voraussetzung hierfür ist, dass eine Liste ausgehängt wird, auf der Besprechungsthemen vorher eingetragen werden. Die Sitzung selbst wird von einem Vorsitzenden geleitet. Er achtet auf die Einhaltung der Gesprächsregeln und ruft die Tagesordnungspunkte auf. Ein zweiter Schüler übernimmt das Protokoll. Seine Aufgabe besteht darin aufzuschreiben, was man an Konfliktregelungen und Problemlösungen vereinbart hat.

Der Klassenrat sollte nicht sofort mit der Besprechung der Tagesordnungspunkte beginnen, sondern mit einer Anerkennungs- bzw. Wertschätzungsrunde. Jeder kann seine Anerkennung dafür ausdrücken, was ihm an einem Mitschüler besonders gefallen hat. Dieses wechselseitige positive Rückmelden schafft eine angenehme Atmosphäre und fördert das Selbstwertgefühl der Schülerinnen und Schüler.

Nach dieser emotionalen Aufwärmrunde werden die Tagesordnungspunkte bearbeitet. Zu jedem Problem werden Lösungsvorschläge gesammelt und an die Tafel oder an das Flipchart geschrieben und besprochen. Anschließend wird über jeden Vorschlag abgestimmt und die Zahl der Stimmen daneben geschrieben. Schließlich muss noch geklärt werden, wer den Vorschlag wann umsetzt.

Bis der Klassenrat gut funktioniert, sollte der Klassenlehrer durch sparsame Hilfen und Unterstützung für einen geordneten Ablauf sorgen. Wichtig ist auch, dass er hinterher mit der Klasse die Sitzung bewertet und aufzeigt, was noch verbessert werden muss.

Aus Evaluationen geht hervor, dass die Schülerinnen und Schüler die Möglichkeit, sich in der Form eines Klassenrates regelmäßig zu besprechen, begrüßen. Nicht so zufrieden sind sie mit dem Ablauf und den Ergebnissen. Sie wünschen sich eine straffere Gesprächsleitung. Daraus ist zu entnehmen, dass auf das Einüben moderatorischer Fertigkeiten besondere Mühe verwendet werden muss.

Zur Störungsprävention tragen schließlich auch außerunterrichtliche Aktivitäten bei wie

- Klassenfeste
- Wandertage
- Klassenfahrten
- Schullandheimaufenthalte.

Solche Veranstaltungen und Unternehmungen können das Wir-Gefühl und das Miteinander fördern helfen. Vorausgesetzt, sie werden gut gemanagt. Gutes pädagogisches Event-Management bedeutet vor allem, auf die Interessen der Klasse einzugehen und sie an der Entscheidungsfindung, Planung und Durchführung aktiv zu beteiligen.

Anleitung zur Moderation des Klassenrats

1. Führe zunächst die Anerkennungsrunde durch.

2. Rufe die Tagesordnungspunkte in der Reihenfolge auf, wie sie auf der Liste stehen.

3. Frage zuerst, ob es das Problem noch gibt. Falls ja, soll derjenige, der es in die Liste eingetragen hat, erläutern. Ergänzungen durch andere Personen sind möglich.

4. Fordere die Klasse auf, Lösungsvorschläge zu nennen. Bitte einen Schüler, diese an die Tafel zu schreiben.

5. Lass abstimmen (Wer ist dafür? Wer dagegen? Enthaltungen?) und schreibe die Stimmenzahl dahinter.

6. Stelle fest, welcher Vorschlag angenommen worden ist, und kläre, wer ihn umsetzen muss. Sorge dafür, dass dies protokolliert wird.

7. Schließe die Sitzung zum vereinbarten Zeitpunkt. Was nicht mehr bearbeitet werden konnte, kommt auf die Tagesordnung des nächsten Klassenrates.

Verhaltensregeln

Ohne klare Regeln und Grenzen geht es nicht!

Jürg Rüedi

Disziplin erkennt man daran, dass Regeln eingehalten werden. Verhaltensregeln beziehen sich auf Erwartungen an das Verhalten von Schülerinnen und Schülern. Die Vereinbarung von Verhaltensregeln ist eine wichtige Voraussetzung für einen störungsfreien Unterricht. Durch klare Regeln und angemessene Konsequenzen kann Unterrichtsstörungen wirksam vorgebeugt werden.

Wenn Verhaltensregeln vereinbart werden, wissen die Schülerinnen und Schüler, welches Verhalten erwünscht ist und welches nicht. Und sie wissen auch, welche Konsequenzen folgen, falls sie die Verhaltensvorschrift nicht beachten. Das Regelwissen sollte sich im Lauf der Zeit zu einem Regelbewusstsein weiterentwickeln. Darunter ist zu verstehen, dass man nicht nur die Regeln kennt, sondern sich mit ihnen identifiziert, weil sie sinnvoll sind für die Lerngemeinschaft.

Die Implementierung von Verhaltensregeln für den Unterricht setzt voraus, dass sich die Lehrerinnen und Lehrer sowohl auf der Klassenebene als auch auf Schulebene darüber einig sind, welches Verhalten sie von den Schülerinnen und Schülern erwarten. Erst wenn dieser Grundkonsens hergestellt ist, können Regeln eingeführt werden. Das gute Regularium erkennt man an folgenden Merkmalen:

- Sie werden möglichst am Schuljahresbeginn eingeführt.
- Sie sind alters- und situationsgerecht.
- Die Regeln beziehen sich auf die häufigsten Störungen.
- Sie sind positiv, verständlich, kurz und konkret formuliert.
- Sie werden in der Ich-Form ausgedrückt.
- Wenige Regeln sind wirksamer als viele Regeln.
- Die Schülerinnen und Schüler werden an der Erarbeitung beteiligt.
- Es ist klar, welche Konsequenzen ein Regelverstoß zur Folge hat.
- Bei Regelverstößen wird sofort und konsequent reagiert.
- Die Regeln werden verschriftlicht und allen bekannt gegeben.

Der Erfolg von Verhaltensregeln hängt nicht nur vom Erwartungskonsens der Lehrpersonen ab, sondern auch und vor allem vom Umsetzungskonsens. Das heißt, dass alle in der Klasse unterrichtenden Lehrpersonen die Regeln möglichst gleich anwenden.

Nach der Einführung von Verhaltensregeln muss immer mal wieder bilanziert werden, ob die Regeln sinnvoll und praktikabel sind. Fällt die Überprüfung negativ aus, wird die Regel aus dem Regularium entfernt. Zur Bilanz gehört auch die Frage, ob eine neue Regel eingeführt werden muss. Es kann ja sein, dass eine neue Störform entstanden ist, die sowohl die Lehrenden als auch die Lernenden nervt.

Wenn diese Form der Störungsprävention gelingen will, müssen sich die Lehrpersonen ihrer Vorbildfunktion bewusst sein. Das heißt zum Beispiel: Wer von den Schülern Pünktlichkeit fordert, muss selbst pünktlich den Unterricht beginnen.

Unterrichtsregeln

Ich bin pünktlich.

Ich mache meine Hausaufgaben.

Ich habe meine Arbeitsmittel dabei.

Ich arbeite mit.

Ich passe auf.

Ich melde mich, bevor ich etwas sagen möchte.

Nonverbale Verhaltenssteuerung

Der Körper ist die Übersetzung der Seele ins Sichtbare.

Christian Morgenstern

Die unterrichtliche Verhaltenssteuerung läuft auf zwei Ebenen ab, auf der verbalen und auf der nonverbalen. Die verbalen Botschaften der Lehrperson werden durch die Körpersprache ergänzt, verdeutlicht und strukturiert. Falls der verbale und nonverbale Anteil einer Botschaft nicht übereinstimmen, also auf der Beziehungsebene etwas anderes mitgeteilt wird als auf der Inhaltsebene, dominiert bei der Decodierung der nonverbale Aspekt. Bittet man mit zitternder Stimme um Ruhe, schließen die Schülerinnen und Schüler daraus: «Der hat Probleme, seine Forderung durchzusetzen, also können wir weiter stören.»

Zentrale Medien körpersprachlicher Kommunikation sind die Stimme, das Blickverhalten, die Mimik, die Gestik, die räumliche Distanz und die Körperstellung vor der Klasse (Heidemann 2007). Über sie läuft ein Großteil der unterrichtlichen Verhaltenssteuerung ab.

Das naheliegendste nonverbale Steuerungsmittel ist die Stimme. Sie macht es möglich, dem Empfänger mitzuteilen, wie ernst und entschieden etwas gemeint ist. Dies soll aber nicht so verstanden werden, als müsste man die Klasse besonders laut übertönen. Eine kräftigere Stimme genügt, um Aufmerksamkeit zu mobilisieren und zu bewirken, dass der Schüler oder die Klasse die Ernsthaftigkeit des Gesagten verstehen. Wer Probleme mit seiner Stimmkraft hat, kann es auch anders herum probieren, indem er leiser wird oder plötzlich schweigt. Diese Strategie vermag Störverhalten ebenso zu blockieren.

Eine wirksame Möglichkeit, Störverhalten zu regulieren, ist der Blick. Man sollte ihn so schweifen lassen, dass sich alle Schüler im Blickfeld befinden. Der Blick ist mit das wichtigste Merkmal erfolgreicher Klassenführung. Bei den Schülern entsteht der unmissverständliche Eindruck, dass die Lehrperson das Klassenzimmer unter Kontrolle hat. Der Blick darf aber nicht nur als Kontrollmittel eingesetzt werden, sondern er kann auch eine freundliche Interaktion mit der Klasse anbahnen helfen. Heidemann (2007) empfiehlt diesbezüglich, dass der Lehrer am Beginn der Stunde mit den freundlich dreinblickenden Schülern, den Plus-Leuten, Blickkontakt aufnimmt.

Wer den Schülern Stimmungen übermitteln möchte, muss von seiner Mimik Gebrauch machen. Dies funktioniert nur, wenn man sein Gesicht den

Schülern offen zuwendet. Sie können dann die nonverbale Botschaft ohne Schwierigkeiten decodieren. Ein finsteres Gesicht sagt ihnen: «Oh, jetzt kann man mit ihm nicht spaßen!» Ein neutrales Gesicht drückt aus, dass jetzt Sachlichkeit verlangt wird. Mit einem freundlichen Gesicht signalisiert man, dass man sich in der Klasse momentan wohlfühlt, einen Schüler mag oder eine Leistung gut findet.

Mit der Gestik kann man dem Gesagten Nachdruck verleihen, etwas illustrieren und nicht zuletzt ein Geschehen dirigieren. Wer mit der Gestik führen möchte, sollte dies mit hochgehaltener Hand tun, mit den Armen in Brusthöhe und mit nach oben zeigender Handfläche. Auf keinen Fall soll man Schülern die Faust zeigen oder auf sie mit gestrecktem Zeigefinger zulaufen.

Was die räumliche Distanz als Steuerungsmittel betrifft, heißt die Grundregel: Je näher die Lehrperson, desto besser die Aufmerksamkeit der Schülerinnen und Schüler.

Auch die Körperstellung beeinflusst das Disziplingeschehen. Ein elementarer Fehler ist, den Großteil des Unterrichts hinter dem Pult zu verbringen. Wenn es um die Mitteilung wichtiger regulativer Botschaften geht, sollte man aufrecht vor der Klasse stehen und sich mit der ganzen Körperbreite präsentieren. Und wer einen Tafelanschrieb kommentiert, sollte sich umdrehen und zu der Klasse sprechen.

Bleibt schließlich zu erwähnen, dass die körpersprachliche Verhaltenssteuerung dann besonders wirksam ist, wenn sie mehrkanalig gehandhabt wird. Beispielsweise kann man mit erhobener Hand die Klasse um Ruhe bitten und gleichzeitig das Problemverhalten eines einzelnen Schülers mit dem Blick und der Mimik regulieren.

Guter Unterricht

Eine gute Didaktik ist hilfreich und unerlässlich für Disziplin.

Jürg Rüedi

Der Unterricht ist der Kernprozess der pädagogischen Arbeit. Ziel des Unterrichts ist es zum einen, Schülerinnen und Schülern Wissen und Werte zu vermitteln. Zum anderen soll er sie zur Selbstständigkeit befähigen.

Es gibt zwei Betrachtungsweisen der Unterrichtsqualität. Die erste ist ein normativer Zugang, der auf Erwartungen beruht, die von Experten ohne empirische Grundlage formuliert worden sind. Beispielsweise kann eine Norm lauten, dass die Lehrperson sich an einem Stufenmodell orientieren muss. Oder man orientiert sich am Leitsatz, dass die Unterrichtsmethode immer wieder gewechselt werden muss. Auch die Forderung, so viel Schülerzentrierung wie möglich zu verwirklichen, ist ein weiteres Beispiel.

Die zweite Betrachtungsweise orientiert sich an der empirischen Unterrichtsforschung. Diese erfasst den Unterricht durch systematische Erkenntnisgewinnung mit dem Ziel, die Frage zu beantworten, welche Unterrichtsmerkmale Schülerinnen und Schülern zum Lernerfolg verhelfen. Aufbauend auf den empirischen Ergebnissen und unterrichtspraktischen Erfahrungen sind in vielen Ländern Qualitätsindikatoren gebildet worden, die bei der unterrichtlichen Qualitätsanalyse verwendet werden.

Die empirische Unterrichtsforschung hat Merkmale zu Tage gefördert, die bei optimaler Ausprägung Unterrichtserfolg wahrscheinlich machen (Brophy 2000, Helmke 2003). Ob sie in der Unterrichtspraxis tatsächlich auch den Lernerfolg der einzelnen Schülerinnen und Schüler zustande bringen, hängt letztlich von der Kompetenz der Lehrpersonen ab. Sie kann sich an folgenden Kriterien und Indikatoren orientieren:

Positives Unterrichtsklima
Das Unterrichtsklima hat einen erheblichen Einfluss auf die Lernmotivation und den Lernerfolg. Erstens wird ein gutes Klima erzeugt durch eine schülerzentrierte Grundhaltung, die gekennzeichnet ist durch Respekt und Interesse. Zweitens sind Aufwärmübungen und Rituale am Stundenbeginn lernförderlich. Drittens erleben es die Schülerinnen und Schüler als angenehm, wenn man sie in schwierigen Lernphasen ermutigt und für Erreichtes lobt. Und viertens ist es gut, wenn man ihnen Gelegenheit zum Unterrichtsfeedback gibt (siehe unten).

Zielorientierung

Am Stundenbeginn wollen Schüler über die Lernziele informiert werden. Sie möchten wissen, was auf sie zukommt. Deshalb muss die Lehrperson Transparenz herstellen. Lässt sie die Klasse im Unklaren, entsteht keine Zugkraft. Die notwendige Klarheit kann man durch einen informierenden Unterrichtseinstieg schaffen. In Form eines Tafelanschriebs oder einer Folie wird kurz und bündig dargestellt, was wie warum gelernt werden soll.

Sinnorientierung

Schülerinnen und Schüler lernen lieber und aufmerksamer, wenn sie den Unterrichtsinhalt als persönlich bedeutsam und sinnvoll erleben. Gelingt diese Sinnstiftung nicht, gestaltet sich der Lehr-Lern-Prozess schwierig. Die Sinnbrücke zum Unterrichtsinhalt kann gebaut werden, indem an ihr Interesse angeknüpft wird, ihr Vorverständnis einbezogen wird und problemhaltige Fragen gestellt werden. Zentrales Medium dieser sinnorientierenden Arbeit ist das Unterrichtsgespräch.

Klare Unterrichtsstruktur

«Studien belegen, dass bei Schülerinnen und Schülern jene Lehrkräfte hohe Akzeptanz haben, die ihren Unterricht klar strukturieren…» (Wilde 2005, S. 10). Einen gut strukturierten Unterricht erkennt man zuallererst an der klaren Folge der Unterrichtsschritte, die beim Einstieg beginnen und mit der Ergebnissicherung enden. Außerdem muss er sich an der stofflichen Gliederung zeigen. Weitere wichtige Indikatoren sind verbindliche Regeln und Rituale.

Verständliche Stoffdarbietung

Lernerfolg ist letztlich nur möglich, wenn die Schülerinnen und Schüler den Lernstoff verstehen. Egal, ob es sich um Arbeitsaufträge in schüleraktiven Unterrichtsphasen oder um Stoffdarbietung im Frontalunterricht handelt, ist auf Verständlichkeit größter Wert zu legen.

Verstehensprozesse werden gefördert durch einfache Sprache, visuelle Unterstützung, Beispiele und durch advanced organizers. Darunter versteht man vorstrukturierende Begriffe oder Zeichen, die eine Brücke bauen zwischen dem vorhandenen und dem neuen Wissen.

Kohärenz der Lerninhalte

Lerninhalte lassen sich besser verstehen und behalten, wenn sie als zusammenhängend erkannt werden. Stehen sie isoliert und unverbunden da, können sie nur schwer aufgenommen werden. Kohärenz wird gefördert, indem immer wieder fachlich und überfachlich Strukturen hergestellt werden. Am besten gelingt dies durch direkte Bezüge, Skizzen, Mind Maps, Grafiken und die Vermeidung von Abschweifungen.

Leistungserwartungen
Welche Leistungen die Lehrperson von den Schülerinnen und Schülern erwartet, muss sie explizit mitteilen. Ihre Erwartungen sollten sich sowohl auf die Qualität als auch auf die Quantität des zu Leistenden beziehen. Das klare Kommunizieren von Leistungserwartungen führt zur Entstehung von Leistungsbewusstsein und Gütemaßstäben. Somit können die Schülerinnen und Schüler sich selbst bewerten.

Nutzung der Lernzeit
Zwischen der nominalen Unterrichtszeit und der tatsächlichen Lernzeit klafft oft eine Lücke. Das heißt, dass zu viel Zeit unnütz verplempert wird. Häufige Ursache sind mangelhafte Unterrichtsvorbereitung, Unpünktlichkeit, Reibungsverluste durch unklare Arbeitsaufträge, Abschweifungen und Disziplinstörungen. Die Lernzeitnutzung kann verbessert werden durch gründliche Unterrichtsvorbereitung, rechtzeitige Bereitstellung von Medien und Materialien, Pünktlichkeit, klare Arbeitsaufträge und Steuerungssignale.

Vermittlung von Lernstrategien
Um den Lernstoff selbstständig und effektiv verarbeiten zu können, benötigen Schülerinnen und Schüler Lernstrategien, und zwar sowohl allgemeine (z. B. Zeit planen) als auch fachbezogene (z. B. Vokabeln lernen). Diese sollten in enger Anlehnung an Lernsituationen und an den aktuellen Lernstoff vermittelt werden (Keller 2005 b).

Methodenvielfalt
Um den verschiedenen Aufgabenstellungen und den unterschiedlichen Lernvoraussetzungen der Schülerinnen und Schüler gerecht zu werden, muss der Unterricht methodisch vielfältig angelegt sein. Hierzu braucht der Lehrer ein flexibles Methodenrepertoire. Vereinfacht gesprochen, heißt dies, dass er den Frontalunterricht durch genügend viele schüleraktive Formen ergänzt. Diese dienen primär dazu, Selbstverantwortung, Selbstständigkeit und Sozialkompetenz zu fordern und zu fördern.

Individualisierung
Wer der Heterogenität der Schülerinnen und Schüler gerecht werden möchte, muss individualisieren. Mit verschiedenen Kindern kann man sich auf dem Lehr- und Lernweg nur phasenweise im Gleichschritt bewegen. Auf der übrigen Wegstrecke sollte individualisierend gefördert werden. Erreichbar ist dieses Ziel durch offene Unterrichtsformen, ermutigende Zuwendung, Lernberatung und Lernhilfe.

Systematische Übung

Damit verstandener Lernstoff sicher angeeignet wird, muss er regelmäßig wiederholt werden. Diesem Zweck dienen Übungsaufgaben. Sie müssen so eingekleidet werden, dass die Schülerinnen und Schüler gern üben. Übungsergebnisse müssen kontrolliert und gegebenenfalls verbessert werden. Übungserfolge bedürfen der positiven Verstärkung und Anerkennung. Lernschwachen Schülerinnen und Schülern sollte dieses Feedback häufiger gegeben werden als leistungsstarken. Und schließlich erkennt man gute schulische Übungsarbeit daran, dass die Übungszeiten nicht überdehnt werden.

Schülerfeedback

Zwei sind nötig, damit einer sich kennen lernt.

Gregory Bateson

Wenn Schülerinnen und Schüler der Lehrperson rückmelden, wie sie Schule und Unterricht wahrnehmen und erleben, handelt es sich um ein Schülerfeedback. Dabei ist zu unterscheiden zwischen dem spontanen informellen Feedback und dem systematischen Schülerfeedback. Letzteres wird von den Lehrpersonen geplant, durchgeführt und ausgewertet. Das systematische Schülerfeedback macht es der Lehrperson möglich, frühzeitig den eigenen Anteil an Unterrichts- und Beziehungsstörungen zu erkennen und wichtige Hinweise auf die Verbesserung des Unterrichts und der Lehrer-Schüler-Beziehung zu erhalten.

Obwohl manche Lehrpersonen dem Schülerfeedback immer noch kritisch gegenüberstehen, gibt es inzwischen einen Konsens darüber, dass das Einholen von Rückmeldungen zum professionellen Handeln gehören muss. Wer den Schülerinnen und Schülern keine Gelegenheit zum Feedback gibt, bekommt es in Form von Störungen zurück!

Soll ein Schülerfeedback gelingen, muss es gut vorbereitet werden. Für die Feedbackarbeit gibt es folgende Grundsätze:

- Wer Schülerfeedback durchführen möchte, macht sich vorher methodisch kundig.
- Man beginnt dort, wo momentan ein Veränderungsinteresse besteht.
- Das Feedbackthema wird konkret definiert.
- Es wird ein Instrument ausgewählt, eventuell modifiziert oder selbst konstruiert.
- Das Instrument ist dem Thema angemessen.
- Der Feedbackprozess wird transparent erläutert.
- Mit den Schülerinnen und Schülern werden Feedbackregeln vereinbart.
- Die Ergebnisse werden gemeinsam ausgewertet.
- Die Veränderungswünsche werden ernst genommen.

Instrumente zu finden, dürfte nicht mehr schwierig sein. Die Toolbox der Feedbackmethoden (Bastian u. a. 2005) enthält eine Menge an Instrumenten. Beispielhaft zu nennen sind:

- Fragebogen: Fragen zum Unterricht werden von den Schülerinnen und Schülern schriftlich beantwortet (siehe unten). Zu unterscheiden sind Fragebogen mit geschlossenen Fragen (vorgegebene Antworten), offenen Fragen (keine Antwortvorgaben) und Hybridfragen (vorgegebene Antworten und eine offene Antwortmöglichkeit.

- Lerntagebuch: Die Schülerinnen und Schüler dokumentieren ihre Lernerfahrungen (Was gelang gut? Was war schwierig? Was habe ich nicht verstanden?) Die Tagebucheinträge werden mit der Lehrperson regelmäßig ausgewertet.

- Zielscheibe: Eine Zielscheibe (Format A1) wird in 4-8 Segmente aufgeteilt. An die Segmentaußenränder werden zu bewertende Themen oder Aussagen geschrieben. Die Schülerinnen und Schüler setzen ihre Bewertungskreuze in jedes einzelne Segment. Die Bewertung ist umso besser, je näher die Kreuze zur Mitte hin liegen.

- Blitzlicht: Jeder Schüler äußert sich reihum kurz in Form von einem bis zwei Sätzen zu einer Leitfrage.

- Viereckenmethode: Zu Aspekten des Unterrichts werden verschiedene Aussagen formuliert und in verschiedenen Ecken des Klassenzimmers aufgehängt. Die Schülerinnen und Schüler ordnen sich den Aussagenecken selbst zu. Dort tauschen sie ihre Meinungen aus. Anschließend trägt ein Gruppensprecher das Gesprächsergebnis im Plenum kurz vor.

Schülerfeedback darf nicht zu häufig angewandt werden, ansonsten drohen Ermüdungserscheinungen und Aversionen. Wer wann in welcher Klasse Schülerfeedback praktiziert, muss im Klassenteam abgesprochen werden. Und alle Lehrerinnen und Lehrer sollten sich darüber im Klaren sein, dass aus den Schülerfeedbacks Konsequenzen für die Unterrichtsgestaltung abgeleitet und umgesetzt werden müssen. Ist dies nicht der Fall, sind die Schülerinnen und Schüler nicht mehr feedbackmotiviert.

Schülerfeedbackbogen

Ich möchte dich bitten, meinen Unterricht zu beurteilen. Kreuze jeweils an, in welchem Maße die Aussage zutrifft.

Meine Lehrerin / mein Lehrer	Trifft voll zu	Trifft eher zu	Trifft eher nicht zu	Trifft überhaupt nicht zu
vermittelt uns den Stoff verständlich				
gestaltet den Unterricht abwechslungsreich				
weckt unser Interesse am Fach				
vermittelt uns Lerntechniken				
unterstützt uns beim Verstehen des Stoffes				
geht mit uns menschlich um				
kann sich gut durchsetzen				
lobt uns für gute Leistungen				
zeigt auch mal Humor				
benotet uns fair				
behandelt uns gerecht				
traut uns etwas zu				
hat ein offenes Ohr für unsere Probleme				

Kollegiale Hospitation

Das kollegiale Feedback bietet die Möglichkeit, von einem «gleichgestellten Profi» eine Rückmeldung zum eigenen Unterricht zu erhalten.

Norbert Landwehr

Das Disziplinmanagement kann auch durch gegenseitigen Unterrichtsbesuch reflektiert und weiterentwickelt werden. Erste Voraussetzung dieser nach wie vor angstbesetzten Methode ist, dass die an einer kollegialen Hospitation interessierten Lehrpersonen zueinander das notwendige Maß an Vertrauen haben. Zweitens muss klar sein, dass sie sich nicht besuchen, um sich zu beurteilen, sondern um sich zu beobachten. Und drittens werden die Beobachtungen nach den Regeln eines konstruktiven und fairen Feedbacks zurückgemeldet.

Wenn diese Grundvoraussetzungen gegeben sind, wird die Hospitation vorbesprochen. Die zu besuchende Lehrperson teilt der beobachtenden Lehrperson mit, auf welche Aspekte ihres Unterrichtsverhaltens sich die Beobachtung beziehen soll.

Während der Hospitationsstunde notiert die beobachtende Lehrperson das, was sie wahrnimmt. Interpretationen vermeidet sie bewusst. Zur Beobachtung kann sie ein standardisiertes oder halbstandardisiertes Beobachtungsinstrument verwenden (Landwehr 2003).

Der Hospitation folgt ein Feedbackgespräch – entweder direkt auf dem «Urprotokoll» basierend oder etwas später, was der beobachtenden Lehrperson eine Überarbeitung der Notizen ermöglicht.

Das Feedbackgespräch führt die beobachtende Lehrperson mit viel Fingerspitzengefühl. Sie meldet zurück, was sie in den vereinbarten Unterrichtsbereichen beobachtet hat, ohne dass sie die beobachtete Lehrperson be- oder verurteilt. Die beobachtete Lehrperson hört dem Feedbackgeber zu, ohne sich zu rechtfertigen. Falls erforderlich, stellt sie Verständnisfragen.

Sie entscheidet selbst, was des Weiteren besprochen wird. Welche Konsequenzen für die Weiterentwicklung der Unterrichtskompetenz zu ziehen sind, bleibt der Initiative der beobachteten Lehrperson überlassen.

Abschließend reflektieren beide Qualitätspartner den Prozess der Unterrichtshospitation. Sie überlegen, was gut gelungen ist und was noch verbessert werden kann.

Regeln für das Feedbackgespräch

Feedbackgeben

- Beschreiben Sie möglichst konkret Ihre Wahrnehmung und werten Sie nicht.

- Weisen Sie darauf hin, dass Ihre Mitteilung nur vorläufig ist und gemeinsam überprüft werden muss.

- Formulieren Sie Ihre Rückmeldung taktvoll.

- Beziehen Sie Kritik immer auf das Sie störende Verhalten und nicht auf die Person.

- Belehren Sie den Kommunikationspartner nicht, sondern helfen Sie ihm.

- Melden Sie nicht nur Kritisches zurück, sondern zuerst Positives.

- Seien Sie ehrlich und sprechen Sie aus dem Herzen.

Feedbacknehmen

- Lassen Sie den Gesprächspartner ausreden und fallen Sie Ihm nicht gleich ins Wort.

- Nehmen Sie seine Rückmeldung gelassen auf, und zwar als dessen eigene Wirklichkeitsbeschreibung.

- Begeben Sie sich nicht gleich in eine Verteidigungsposition, sondern in die des neugierigen Zuhörers.

- Fragen Sie bei Unklarheiten nach und bitten Sie um konkrete Beispiele.

- Überlegen Sie, wo Sie aus der Rückmeldung im Sinne eines persönlichen Weiterlernens Nutzen gewinnen können.

- Bedanken Sie sich beim Lernpartner für die Rückmeldung.

Konzentrationsförderung

Konzentration kann man lehren.

Krishnamurti

Unaufmerksamkeit ist eine besonders häufige und von Lehrpersonen als sehr unangenehm erlebte Unterrichtsstörung. Mancher Aufmerksamkeits- und Konzentrationsstörung kann schon dadurch vorgebeugt werden, dass der altersbezogenen Konzentrationsspanne Rechnung getragen wird. Sie beträgt im Durchschnitt bei

- 5–7jährigen   15 Minuten
- 7–10jährigen   20 Minuten
- 10–12jährigen   25 Minuten
- 12–15jährigen   30 Minuten
- 15–18jährigen   35 Minuten

Die Konzentrationsfähigkeit bildet sich erst im Lauf der Entwicklung aus. Jüngere Kinder tendieren dazu, sich von äußeren und inneren Reizen lenken zu lassen. Diese unwillkürliche Form der Konzentration wird dann immer mehr abgebaut, und zwar zugunsten einer willentlichen und zielgerichteten Aufmerksamkeitssteuerung. Nicht allen Schülerinnen und Schülern gelingt dieser Entwicklungsprozess. Für den Unterricht bedeutet dies, dass er nach dem Rhythmus von Anspannung und Entspannung ablaufen muss.

Zusätzlich zu den natürlichen Pausen empfiehlt sich der systematische Einsatz von Entspannungsübungen. In Frage kommen folgende Verfahren:

- progressive Muskelentspannung nach Jacobson
- autogene Grundübungen
- mit autogenen Formeln unterlegte Geschichten
- Stille- und Meditationsübungen
- musikalische Entspannung
- Malen nach Musik
- Phantasiereisen
- Atementspannung
- Bewegungsübungen

Das Konzentrationsniveau kann ebenso wirksam erhalten werden, wenn von Zeit zu Zeit der Lehr- und Lernweg sowie der Lernstoff gewechselt werden. Dies gilt sowohl für den Unterricht als auch für das individuelle Lernen. Form- und Inhaltswechsel bewirken im Gehirn eine konzentrationsfördernde Aktivierung. Nach einer intensiven verbalen Darbietungsphase (Hörunterricht) bedarf es eines Wechsels zum Handeln und Tun.

Nicht minder wirksam ist die Reduzierung ablenkender Reize. Je überladener Arbeitstisch und Klassenzimmer, desto schwerer fällt es den Schülerinnen und Schülern, sich auf das Wesentliche zu konzentrieren.

Was die externe Aufmerksamkeitssteuerung beziehungsweise die Unterrichtsführung im engeren Sinne betrifft, sind vonnöten: deutliche nonverbale Signale (z. B. Ruhe-Gesten, Heben oder Senken der Stimme, Änderung der Sprechgeschwindigkeit), klare Appelle und Arbeitsaufträge, feste Regeln für lernintensive Phasen (nicht sprechen, nicht herumdrehen, nicht aufstehen) sowie Lob und Belohnung für positive Konzentrationsleistungen.

Besonders für die impulsiven Kinder ist das Einüben von handlungssteuernden Selbstanweisungen zu empfehlen. Diese Methode ist vom amerikanischen Verhaltenstherapeuten Donald Meichenbaum (1977) entwickelt und erfolgreich angewandt worden. Die Handlungssteuerung erwerben Kinder zunächst über laute, verbale Selbstanweisungen, die schrittweise verinnerlicht werden. Meichenbaums Training läuft in fünf Schritten ab:

Schritt 1: Der Lehrer löst laut, sich selbst anweisend eine Aufgabe.

Schritt 2: Der Schüler löst die Aufgabe nach Anweisung des Lehrers.

Schritt 3: Der Schüler löst die Aufgabe, indem er sich selbst laut anweist.

Schritt 4: Der Schüler löst die Aufgabe, indem er sich flüsternd anweist.

Schritt 5: Der Schüler löst die Aufgabe, indem er sich innerlich, nicht mehr hörbar anweist.

Wagner (1984) hat Meichenbaums Modell weiterentwickelt. Kernstück sind acht Selbstanweisungen, die der Lehrer bei Aufgabenlösungen an der Tafel vormacht und die dann von den Schülern nachvollzogen werden:

1. Aufgabenanalyse: Was ist genau zu tun? Ich sage es nochmals in eigenen Worten. Ich lasse nichts aus.

2. Materialanalyse: Was brauche ich? Womit fange ich an? Was habe ich schon? Ich mache mir einen Plan.

3. Zielanalyse: Wo will ich hin? Wie kann ich das erreichen? Auf was kann ich verzichten?

4. Konfliktanalyse: Warum komme ich nicht weiter? Was stört? Ich muß etwas anderes probieren.

5. Formulierung von Teilzielen: Was ist der nächste Schritt? Das andere kann ich auch schaffen. Bis jetzt ist alles richtig.

6. Bewältigung von Frustrationen: Fehler kann ich verbessern. Ich werde noch sorgfältiger arbeiten.

7. Aufforderung zum Zeitlassen: Ich mache eine kleine Pause. Es wird richtig. Ich habe genug Zeit.

8. Ergebnisbewertung / Selbstverstärkung: Das habe ich gut gemacht. Ich hab's geschafft.

Die Konzentration lässt sich auch durch Funktionsübungen schulen, und zwar vor allem in der Grundschule. Das Funktionstrainingskonzept basiert auf der Annahme, dass die Konzentration ebenso wie körperliche Funktionen durch regelmäßige Beanspruchung gestärkt wird. Die gängigen Programme enthalten schwerpunktmäßig visuelle Übungen wie Zahlen-zu-Figuren-Verbinden, Fehler suchen, Labyrinth-Reisen, Kodieraufgaben oder Bildvergleiche. Leider ist der Anteil akustischer Übungen gering, obwohl das genaue Zuhören eigentlich das Hauptproblem vieler konzentrationsgestörter Schüler ist. Trotz der Tatsache, dass Kinder Funktionsübungen als motivierend erleben, sei davor gewarnt, ein Förderkonzept einzig und allein daran auszurichten. Es ist sinnvoll, das Training mit anderen Fördermethoden zu kombinieren. Am Beispiel der Übungsaufgaben sollte man den Schülern vor allem konzentrationsförderliche Herangehensweisen und Selbstanweisungen vermitteln (Lauth/Schlottke 2002).

Zur Behebung des eben erwähnten akustischen Konzentrationsdefizits halte ich das spannende Erzählen, das Vorlesen, Hörspiele sowie Gespräche im Stuhlkreis für wirksamer als stofffremde Funktionsübungen. Der Grundschulunterricht muss dies noch häufiger als bisher praktizieren, da dieses natürliche Konzentrationstraining in der «Hauskultur» immer seltener stattfindet.

Des Weiteren muss überlegt werden, ob die einzelne Schule über genügend verlässliche Strukturen und Handlungsmuster verfügt. Ein verbindlicher sozialer Verhaltenskodex, Begrüßungs- und Abschiedsrituale, Feste und Feiern sowie regelmäßige Seelenpflege im Morgenkreis sind wichtige Orientierungs- und Haltepunkte im psychischen Energiefluss. Diese Erkenntnisse gelten sicherlich auch für das Familienleben.

Eine Chance zur Vorbeugung liegt schließlich in der Elternarbeit. Die Eltern benötigen vor allem vorbeugende Tipps für die häusliche Lern- und Konzentrationsförderung. Hierzu tragen sowohl Elternabende als auch Elternbriefe bei.

Beispiel für ein Entspannungsverfahren

Das Prinzip der progressiven Muskelentspannung nach Jacobson besteht darin, dass wichtige Körpermuskelgruppen kurz angespannt und danach wieder locker gelassen werden. Durch diese Übungen werden Entspannungsreaktionen erzeugt in Form von Wärme und Schweregefühlen. Solche Entspannungsgefühle werden ans Zwischenhirn weitergemeldet und bewirken im vegetativen Nervensystem eine Umschaltung vom Sympathikus (Beschleuniger) auf den Parasympathikus (Verlangsamer). Eine Kurzform dieser Methode wird nun aufgezeigt:

Die Schülerinnen und Schüler setzen sich bequem hin mit leicht abgewinkelten Armen und auf den Oberschenkeln locker liegenden Handgelenken. Unter Anleitung der Lehrperson spannen sie jede der folgenden Muskelgruppen zunächst 5 bis 10 Sekunden deutlich spürbar an und lockern diese anschließend wieder. Während der Anspannungsphase halten sie den Atem möglichst nicht an. Zwischen den Einzelübungen sollte eine Ruhepause von etwa einer halben Minute eingelegt werden. Während der Ruhepause konzentrieren sich die Schülerinnen und Schüler auf die Empfindungen im zuvor angespannten Muskel.

Ballt die rechte Hand zur Faust.

Ballt die linke Hand zur Faust.

Spannt den rechten Oberarmmuskel an.

Spannt den linken Oberarmmuskel an.

Zieht die Schultern soweit wie möglich nach oben.

Drückt das Kinn gegen das Brustbein.

Zieht die Augenbrauen nach oben und runzelt die Stirn.

Kneift die Augen zusammen.

Presst die Lippen zusammen.

Atmet tief ein, haltet die Luft an, atmet langsam aus.

Macht ein Hohlkreuz.

Spannt die Bauchdecke fest an.

Drückt die Knie gegeneinander.

Streckt das rechte Bein aus und belastet den rechten Fußballen.

Streckt das linke Bein aus und belastet den linken Fußballen.

Tipps zur unterrichtlichen Konzentrationsförderung

- Strukturieren Sie den Unterrichtsablauf gut.

- Erhalten Sie das Anspannungs-Entspannungs-Gleichgewicht durch regelmäßige Pausen und Entspannungsübungen aufrecht.

- Bauen Sie in die Stoffdarbietung Aufmerksamkeitsreize ein (z. B. anschauliche Beispiele, provokative Fragen, humorvolle Bemerkungen).

- Wechseln Sie immer mal wieder die Unterrichtsform.

- Setzen Sie in der zweiten Stundenhälfte und im weiteren Verlauf des Unterrichtstages (vor allem nachmittags) schüleraktive Unterrichtsformen (z. B. Freiarbeit, Partnerarbeit, Gruppenarbeit) verstärkt ein.

- Vermitteln Sie nicht zu lange denselben Stoff, sondern schieben Sie Kurzwiederholungen, Lernspiele und stoffunabhängige Gespräche dazwischen.

- Vermitteln Sie den Schülerinnen und Schülern durch stoffunabhängige Funktionsübungen (z. B. Zahlen zu Figuren verbinden, Labyrinthreisen) Spaß am konzentrierten Arbeiten.

- Üben Sie am Beispiel aktueller Problemlöseaufgaben (z. B. Textaufgaben) Strategien des Schritt-für-Schritt-Lösens ein.

- Binden Sie möglichst viele Schüler in das Unterrichtsgeschehen ein.

- Loben Sie die Klasse für gute Konzentrationsleistungen.

- Gestalten Sie das Klassenzimmer so, dass Schüler nicht zu stark abgelenkt werden.

Materialien zur Konzentrationsförderung

Hippenstiel, C. M./Krautz, H.: Konzentrations-Trainingsprogramm I. Für das 1. und 2. Schuljahr. Dortmund: Verlag modernes Lernen 1999 (3. Aufl.).

Hippenstiel, C. M./Krautz, H.: KonzentrationsTrainingsprogramm II. Für das 3. und 4. Schuljahr. Dortmund: Verlag modernes Lernen 2000 (3. Aufl.).

Krowatschek, D./Albrecht, S./Krowatschek, G.: Marburger Konzentrationstraining (MKT) für Schulkinder. Dortmund: Verlag modernes Lernen 2007 (7. Aufl.).

Krowatschek, D./Albrecht, S./Krowatschek, G.: Marburger Konzentrationstraining für Jugendliche (MKT-J). Dortmund: Verlag modernes Lernen 2007 (7. Aufl.).

Stücke, U.: Konzentrationstraining: Konzentrationstraining im 3. und 4. Schuljahr. Ein systematisches Förderprogramm. Band 1. Mülheim: Verlag an der Ruhr 1999.

Stücke, U.: Konzentrationstraining: Konzentrationstraining im 3. und 4. Schuljahr. Ein systematisches Förderprogramm. Band 2. Mülheim: Verlag an der Ruhr 2000.

Soziales Lernen

Durch soziales Lernen sollen die Beziehungen der Schüler untereinander und zwischen Lehrern und Schülern verändert werden.

Hanns Petillon

Haben Schülerinnen und Schüler es systematisch gelernt, sich sozial positiv zu verhalten, zeigen sie ein besseres Disziplinverhalten. Normalerweise müsste positives Sozialverhalten in der Familie gelehrt werden, da die Eltern für die seelisch-soziale Entwicklung ihrer Kinder primärverantwortlich sind. Aufgrund entwicklungsstörender Einflüsse und familiärer Erziehungsprobleme ist dieser primäre Prozess des sozialen Lernens aber immer häufiger beeinträchtigt. Das heißt, man kann immer weniger davon ausgehen, dass die meisten Kinder soziale Fertigkeiten von zu Hause mitbringen. Daraus ergibt sich die Notwendigkeit systematischen sozialen Lernens in den Klassenzimmern.

Es ist nicht leicht, die Grundziele des sozialen Lernens genauer zu bestimmen, weil die Auffassungen über gutes und schlechtes Sozialverhalten sehr unterschiedlich sind. Dennoch ist eine Einigung auf einen Lernzielkatalog wie den folgenden möglich:

- Hilfsbereitschaft: anderen helfen, mit anderen etwas teilen, anderen etwas schenken, sich für einen anderen einsetzen, füreinander einstehen

- Friedfertigkeit: die Würde des Mitmenschen respektieren, das Recht des Mitmenschen auf körperliche und seelische Unversehrtheit anerkennen

- Kooperationsfähigkeit: mit anderen zusammenarbeiten, mit anderen spielen, Vorhaben gemeinsam planen und durchführen, Konkurrenzgefühle und Neid überwinden

- Selbstbeherrschung: Gefühle differenziert äußern, Gefühle ohne Zorn äußern, Ärger bewältigen, Bedürfnisspannungen aushalten

- soziale Sensibilität: sich in andere einfühlen (Empathie), Mitgefühl zeigen, Rücksicht nehmen, Anteil nehmen

- Selbstbehauptung: sich angemessen behaupten, sich beschweren, sich für seine Rechte einsetzen, mit Gruppendruck umgehen

- Konfliktfähigkeit: positiv streiten, Kritik konstruktiv äußern, Streit schlichten, Kompromisse eingehen, verhandeln

- Kommunikationsfähigkeit: verständlich reden, aktiv zuhören, Ich-Botschaften senden, Rückmeldung geben und annehmen, jemanden fragen, Bitten äußern, Vorschläge machen

- Toleranz: eigene Vorurteile erkennen und abbauen, die Verschiedenartigkeit der Menschen respektieren

- Verantwortungsbewusstsein: Aufgaben und Pflichten übernehmen, eigenverantwortlich handeln, Lebensrollen erproben.

Systematisch gefördert werden kann das Sozialverhalten auch durch soziale Lernübungen, die in Form von Rollenspielen durchgeführt werden. Hierzu gibt es bewährte Übungsmanuale (siehe unten). In den Übungen und Spielen lernen die Schülerinnen und Schüler zum Beispiel das Mitteilen von Gefühlen, das aktive Zuhören, die Überwindung von Kontaktängsten, die friedfertige Bewältigung von Provokationen, die Teamarbeit, den Abbau von Vorurteilen und prosoziales Verhalten.

Ebenso verhaltensförderlich sind die Einführung und das Üben positiver sozialer Rituale im Sinne von hilfreicher Höflichkeit:

- sich grüßen

- sich verabschieden

- sich bedanken

- jemanden um etwas bitten

- jemanden um Erlaubnis fragen

- sich entschuldigen

- jemanden um Verzeihung bitten.

Aus der Sicht der neuen Höflichkeit ist dies keine Verhaltensdressur, sondern ein Sozialverhalten, das aus dem Herzen kommt und dem Motiv des Achtens und Helfens entspringt. Goethe hat dies einmal als Herzenshöflichkeit bezeichnet. Herzenshöflichkeit heißt auch, dass man sich nicht verstellt.

Wichtig ist, dass sowohl die Eltern als auch die Lehrpersonen höfliches Verhalten immer wieder situativ einfordern, wenn Kinder und Jugendliche dieses vermissen lassen.

Wenn Höflichkeit zu einer Schulkultur geworden ist, spüren die Menschen recht bald, dass der achtsame Umgang ein positives Klima erzeugt. Menschen, die zueinander höflich sind, können miteinander auch besser kooperieren.

Beispiele für soziale Lernübungen

Lernziel: Kooperationsfähigkeit

Streichholznest
Die Klasse wird in Vierer-Teams aufgeteilt. Jedes Team erhält eine leere Flasche und 4 Schachteln Streichhölzer. Ohne miteinander zu sprechen, müssen die Teammitglieder abwechselnd Streichhölzer auf den Flaschenhals legen, bis schließlich das Nest fertig konstruiert ist.

Lernziel: Einfühlungsvermögen

Gefühle lesen
Einzelne Schüler spielen auf Kärtchen geschriebene Gefühle (z. B. Ärger, Angst, Ungeduld, Unzufriedenheit, Traurigkeit, Misstrauen, Freude, Zufriedenheit, Erleichterung, Glück, Verliebtheit) pantomimisch vor. Die Kärtchen müssen ihnen so überreicht werden, dass sie niemand lesen kann. Die übrigen Teilnehmer erraten, was zum Ausdruck gebracht wird.

Lernziel: Vertrauen

Führen eines Blinden
Die eine Hälfte der Schülerinnen und Schüler schlüpft in die Rolle des Blinden. Ihnen werden die Augen verbunden. Die andere Hälfte übernimmt die Rolle des Blindenführers. Sie müssen die Blinden sicher durch einen Hindernis-Parcour führen.

Lernziel: Selbstbehauptung

Das unmissverständliche Nein
Ein Schüler übernimmt die Rolle des sich selbst behaupten müssenden Verteidigers, der im Mittelpunkt eines Kreises steht. Der Angreifer steht circa 3 Meter vom Kreis entfernt. Er beginnt mit einem eindrücklichen Ja. Der Verteidiger muss mit einem entschiedenen Nein antworten. Daraufhin fragt der Spielleiter den Angreifer, ob das Nein ihn in seiner Angriffslust gebremst hat. Stimmt der Angreifer dem nicht zu, darf er einen Schritt weiter in Richtung Kreis rücken. Das Spiel ist erst beendet, wenn das Nein vom Angreifer als wirksam bewertet wird.

Materialien zur Förderung des Sozialverhaltens

Baer, U.: 666 Spiele für jede Gruppe und alle Situationen. Seelze: Kallmeyer 2003 (2. Aufl.).

Keller, G./Hafner, K.: Soziales Lernen will gelernt sein! Lehrer fördern Sozialverhalten. Donauwörth: Auer 2003 (2. Aufl.).

Keller, G./Hitzler, W.: Schlüssel-Qualifikations-Training. Übungen zur Förderung der Methoden- und Sozialkompetenz. Donauwörth: Auer 2005 (2. Aufl.).

Korte, J.: Stundenentwürfe zur sozialen Unterweisung. Verhalten erkunden, erörtern und trainieren. Weinheim und Basel: Beltz 1997.

Mitschka, R.: Die Klasse als Team. Ein Wegweiser zum Sozialen Lernen in der Sekundarstufe. Linz: Veritas 2004 (4. Aufl.).

Schilling, D.: Soziales Lernen in der Grundschule. 50 Übungen, Aktivitäten und Spiele. Mülheim: Verlag an der Ruhr 2000.

Walker, J.: Gewaltfreier Umgang mit Konflikten in der Grundschule. Berlin: Cornelsen 2004 (5. Aufl.).

Kooperation mit dem Elternhaus

Elternarbeit, so scheint es, ist immer noch ein ungeliebtes Kind der deutschen Schulpädagogik.

Jochen Korte

Elternhaus und Schule sind Erziehungspartner, die zum Wohle der Entwicklung von Kindern und Jugendlichen konstruktiv miteinander kommunizieren und kooperieren sollten. Wird die Erziehungspartnerschaft konstruktiv gestaltet, ergeben sich daraus Chancen für die Prävention von Disziplinkonflikten.

Die Beziehungsebene «Elternhaus-Schule» ist mancherorts vom Wunschbild der Erziehungspartnerschaft weit entfernt. Sicherlich nicht die Mehrheit, aber ein Teil der Lehrerschaft scheint einer engeren und intensiveren Kooperation mit dem Elternhaus distanziert gegenüber zu stehen. Damit einher gehen häufig mangelnde Transparenz und Information. Zum einen kann sich dies darin äußern, dass die Klassenleitung die Klassenelternschaft nur mangelhaft über das Leistungs- und Verhaltensgeschehen informiert. Zum anderen geraten Lehrpersonen und Eltern bisweilen in Konflikt, wenn unterschiedliche Auffassungen über Benotungen oder Verhaltenssanktionen bestehen. Sehr nachteilig wirkt es sich in solchen Konfliktsituationen aus, wenn Lehrerinnen und Lehrer ihren Standpunkt aufgrund ihrer Statusmacht durchzusetzen versuchen.

Aber nicht nur Lehrerinnen und Lehrer, sondern auch Eltern verursachen Probleme. Aus Lehrersicht wird relativ häufig die Schulabstinenz mancher Eltern genannt. Es handelt sich um Eltern, die vielleicht aus eigenen negativen Schulerfahrungen der Schule ablehnend gegenüber stehen, notwendigen Gesprächen gezielt aus dem Weg gehen und Elternabenden fernbleiben. Probleme bereiten auch Eltern, die zwar vordergründig schulinteressiert sind, aber im Elterngespräch familiäre Informationen, die für die Lösung von Lern- und Verhaltensproblemen wichtig wären, der Schule vorenthalten. Schwierigkeiten erzeugen schließlich Eltern, die ihren Erziehungspflichten nicht nachkommen und auf Interventionen der Schule aversiv reagieren.

Eine gute Lehrer-Eltern-Kooperation setzt zunächst voraus, dass beide Erziehungspartner sich gegenseitig achten, zum Zuhören bereit sind und den anderen aus dessen Perspektive zu verstehen versuchen. Hinzu muss die Einsicht kommen, dass Konflikte nicht machtorientiert, sondern im vernunftgeleiteten Dialog lösbar sind.

Beziehungsproblemen kann sehr wirksam am Schuljahresbeginn vorgebeugt werden, wenn der Klassenlehrer die Chance wahrnimmt, durch einen motivierenden Elternabend den Eltern den Sinn für das gemeinsame Ganze zu vermitteln und eine Atmosphäre des Vertrauens herstellen kann. Können die Eltern seine Gesprächsbereitschaft deutlich wahrnehmen und verschwinden im Gefolge davon ihre eigenen Schulängste, sind die Kommunikations- und Kooperationsbrücken gebaut.

Dieser erste Elternabend muss auch dazu genutzt werden, den Eltern das gemeinsame pädagogische Konzept des Klassenteams und die Verhaltensregeln zu verdeutlichen. Die Eltern sollten Gelegenheit erhalten, Fragen zu stellen und ergänzende Vorschläge einzubringen. Dabei darf man es nicht versäumen, sie für die Mitarbeit an der Erreichung der Verhaltensziele zu motivieren. Nur wenn beide Erziehungspartner an einem Strang ziehen, entwickelt sich positives Sozialverhalten.

Zur Konsensbildung gehören auch konkrete Anregungen zur Förderung des Sozialverhaltens, die in Form eines Elternbriefes (siehe unten) oder eines thematischen Elternabends vermittelt werden können. An diesem Elternabend kann man der Klassenelternschaft den oben beschriebenen Klassenkodex vorstellen. Er ist ein günstiger Anlass, um die Eltern für die gemeinsame Sozialerziehung zu motivieren.

Im weiteren Verlauf des Schuljahres sollte sich die Klassenleitung über die Gruppenentwicklung der Klasse und über die Disziplinsituation mit den Klassenelternvertretern immer wieder austauschen und gegebenenfalls störungspräventive Maßnahmen überlegen.

Ebenso förderlich für das Kooperationsklima ist die Organisation von Begegnungen, die nicht nur aus den Elternabenden bestehen, sondern auch aus geselligem Zusammensein (z. B. Grillfest, Stammtisch).

Die Eltern fühlen sich sehr ernst genommen, wenn man mit ihnen eine «Kundenbefragung» durchführt. Zunächst werden zwei Leitfragen gestellt:

- Was finden wir an der pädagogischen Arbeit in dieser Klasse gut?
- Was sollte verbessert werden?

Zur Beantwortung werden Moderationskarten ausgeteilt – grüne Karten für die Positivantworten und rote Karten für die Verbesserungsvorschläge. Pro Karte sollte mit einem strichstarken Filzstift jeweils nur ein Stichpunkt notiert werden. Anschließend werden die Karten auf Stellwänden gruppiert. Die Eltern haben Gelegenheit, einzelne Antworten zu erläutern. Im Anschluss an die Bestandsaufnahme bewerten die Eltern mit Klebepunkten, was vordringlich zu verbessern ist.

Es ist sehr von Vorteil, wenn das ganze Lehrerteam, das diese Klasse unterrichtet, am Kundenfeedback-Abend teilnimmt. In diesem Falle können Änderungswünsche, die den Unterricht in den einzelnen Fächern betreffen, direkt besprochen werden.

Falls nur die Klassenleitung anwesend ist, kann sie Probleme, die sie direkt betreffen, klären und entsprechende Zielvereinbarungen treffen. An Kolleginnen und Kollegen gerichtete Änderungswünsche übermittelt sie diesen nach dem Elternabend im persönlichen Gespräch oder bespricht sie in der Klassenkonferenz.

Tipps für Eltern zur Förderung des Sozialverhaltens

1. Leben Sie Ihren Kindern ein friedliches Verhalten vor. Vermeiden Sie Gewalt in Taten und Worten.

2. Verdeutlichen Sie Grundregeln des Miteinanders wie z. B. die Beachtung der körperlichen Unversehrtheit und des Ehrgefühls. Loben Sie Ihr Kind, wenn es solche Regeln beachtet.

3. Greifen Sie nicht bei jeder kleinen Streiterei ein, aber reagieren Sie konsequent, wenn von Ihnen gesetzte Grenzen überschritten werden.

4. Üben Sie am Beispiel von Streitigkeiten friedliche Formen der Konfliktlösung ein.

5. Missbilligen Sie Vorurteile gegen Mitmenschen und Minderheiten.

6. Ermutigen Sie Ihr Kind, sich in andere Menschen einzufühlen und diese verstehen zu lernen.

7. Bestärken Sie Ihr Kind, wenn es auf eigene Bedürfnisse zugunsten der Gemeinschaft verzichtet.

8. Binden Sie Ihr Kind nicht zu sehr an die Familie, sondern fördern Sie den Kontakt mit Gleichaltrigen.

9. Übertragen Sie Ihrem Kind soziale Aufgaben (z. B. Betreuung jüngerer Geschwister) und loben Sie es für die Aufgabenerledigung.

10. Bringen Sie Ihrem Kind angemessene Formen des Gefühlsausdrucks (z. B. bei Ärger) und der Selbstbehauptung bei.

Selbstreflexion und Selbstcoaching

Echtes Verstehen entsteht dadurch, dass Sie über Ihre Erfahrungen nachdenken.

Warren G. Bennis

Der Lehrerberuf ist ein professionalisierter Beruf. Das heißt, dass Laien ihn nicht ausüben dürfen, sondern Personen, die sich die Befähigung zur Erteilung von Unterricht in einem intensiven Ausbildungsprozess erworben haben. Wird diese Befähigung durch pädagogische Erfahrung angereichert, entsteht das, was man Lehrerprofessionalität nennt.

Lehrerprofessionalität setzt das Vorhandensein von Kernkompetenzen voraus, ohne die ein erfolgreiches pädagogisches Handeln nicht möglich ist:

- Selbstkompetenz: Wahrnehmung und angemessener Ausdruck eigener Gefühle, gesundes Selbstbewusstsein, Nervenstärke, realistische Selbsteinschätzung, wirksames Selbstmanagement

- Sozialkompetenz: Einfühlungsvermögen, Kontaktfähigkeit, Kommunikationsfähigkeit, Konfliktfähigkeit, Durchsetzungsvermögen

- Fachkompetenz: fachtheoretisches Wissen, fachdidaktisches Wissen, Fähigkeit, Fachwissen verständlich zu erklären

- Methodenkompetenz: flexibel anwendbares Lehrmethodikrepertoire, Vermittlung von Lernmethoden, Lernberatung

- Medienkompetenz: Einbeziehung neuer Medien in den Unterricht, Handhabung neuer Medien

Zur Lehrerprofessionalität gehört auch die kontinuierliche Pflege und Weiterentwicklung des pädagogischen Wissens und der pädagogischen Handlungspraxis. Findet dies nicht statt, besteht das Repertoire der Lehrperson bald nur noch aus Routinen, mit denen sich die Herausforderungen einer sich stetig ändernden Umwelt nicht mehr bewältigen lassen. Die Folgen einer erstarrten Professionalität sind dann erkennbar an schlechten Erziehungs- und Unterrichtsleistungen sowie an der Zunahme von Konflikten.

Das persönliche Qualitätsmanagement der guten Lehrperson lässt sich zuallererst daran erkennen, dass sie sich regelmäßig selbst reflektiert. Sie denkt über ihr Handeln nach und überlegt, was gut lief und was verbessert werden muss. Sie setzt sich Änderungsziele und überprüft die Zielerreichung. Ein wichtiges Hilfsmittel des reflektierenden Praktikers ist dabei das persönliche

Lerntagebuch. Man nimmt sich abends ein paar Minuten Zeit und beantwortet die folgenden Bilanzfragen:

- Was gelang mir heute gut?
- Was muss ich besser machen?
- Was muss ich konkret tun, um es besser zu machen?

Die Beantwortung der dritten Frage ist im Grunde genommen Selbstcoaching. Man überlegt sich zunächst konkrete Änderungsziele. Beispielsweise hat man aufgrund der Selbstreflexion festgestellt, dass die Arbeitsaufträge nicht klar genug sind und deshalb Unruhe entsteht. Außerdem ist einem aufgefallen, dass man unpünktlichen Schülerinnen und Schülern gegenüber zu tolerant ist. Daraus resultieren zwei Änderungsziele:

- Ich formuliere meine Arbeitsaufträge klar und deutlich.

- Ich frage nach dem Grund der Verspätung. Wenn dieser nicht plausibel ist, spreche ich eine Verwarnung aus. Wiederholt sich das Fehlverhalten, muss die Fehlzeit nachgearbeitet werden.

Die Ziele werden in einem Coachingplan schriftlich festgehalten. Darin notiert man auch den Zeitraum (z. B. vier Wochen), an dessen Ende der Umsetzungserfolg bilanziert wird. Bis dorthin macht man abends eine kurze Tagesrückschau, indem man die Unterrichtsstunden vor dem inneren Auge nochmals Revue passieren lässt. Dann wird bewertet, in welchem Maße das Änderungsziel erreicht worden ist:

\+ Ich bin mit der Zielerreichung zufrieden

+/– Ich bin mit der Zielerreichung teils zufrieden/teils unzufrieden

– Ich bin mit der Zielerreichung nicht zufrieden

Änderungsförderlich ist es, wenn man die Bewertung durch konkrete selbstverstärkende und selbstkritische Anmerkungen ergänzt.

Am Ende des Selbstcoachings rechnet man aus, wie viele +, +/– und – die Änderungsziele aufweisen. Überwiegen die +, gilt das Änderungsziel als erreicht. Ist dies nicht der Fall, setzt man die Änderungsarbeit für weitere Wochen fort oder man sucht nach anderen Lösungen. Letzteres könnte heißen, dass man einen Coach konsultiert, an einem Lehrertraining teilnimmt oder das Problem in eine Supervisionsgruppe einbringt.

Selbsteinschätzung des Disziplinmanagements

		Trifft sehr zu	Trifft zu	Trifft weniger zu	Trifft gar nicht zu
1.	In meinem Kollegium gibt es einen Grundkonsens hinsichtlich der Verhaltenserwartungen.	4	3	2	1
2.	Auf Klassenebene spreche ich mich mit meinen Kollegen hinsichtlich der Verhaltenserwartungen ab.	4	3	2	1
3.	Am Schuljahresbeginn teile ich den Schülerinnen und Schülern mit, welches Unterrichtsverhalten ich von ihnen erwarte.	4	3	2	1
4.	Ich bereite mich auf meinen Unterricht gründlich vor.	4	3	2	1
5.	Ich sorge für einen reibungslosen Unterrichtsablauf.	4	3	2	1
6.	Mein Unterricht ist methodisch abwechslungsreich.	4	3	2	1
7.	Ich biete meinen Stoff verständlich dar.	4	3	2	1
8.	Ich achte auf ein Gleichgewicht zwischen anspannenden und entspannenden Unterrichtsphasen.	4	3	2	1
9.	Meine Arbeitsaufträge sind klar formuliert.	4	3	2	1
10.	Ich fordere die Beachtung von Verhaltensregeln ein.	4	3	2	1
11.	Ich nehme immer wieder die Klasse als Ganzes in den Blick.	4	3	2	1
12.	Ich versuche möglichst viel Verhalten mit nonverbalen Signalen zu steuern.	4	3	2	1
13.	Geringfügige Störungen ignoriere ich.	4	3	2	1
14.	Wenn ich jemanden ermahne, verdeutliche ich das erwünschte Zielverhalten.	4	3	2	1

15.	Ich spreche Störer mit dem Namen an.	4	3	2	1
16.	Kritik formuliere ich so, dass der Schüler in seinem Ehrgefühl nicht verletzt wird.	4	3	2	1
17.	Manchmal versuche ich, Konfliktsituationen durch Humor zu entspannen.	4	3	2	1
18.	Bei gravierenden Regelverletzungen reagiere ich konsequent.	4	3	2	1
19.	Normalerweise strafe ich erst dann, wenn ich den Schüler zuvor ermahnt habe.	4	3	2	1
20.	Die Konsequenzen sind bei mir nicht verhandelbar.	4	3	2	1
21.	Meine Strafen sind dem Fehlverhalten angemessen.	4	3	2	1
22.	Ich biete dem zu strafenden Schüler die Möglichkeit der Wiedergutmachung an.	4	3	2	1
23.	Ich führe mit auffälligen Schülern ein Einzelgespräch.	4	3	2	1
24.	Ich lobe die Klasse für erwünschtes Verhalten.	4	3	2	1
25.	Ich lobe einzelne Schüler für erwünschtes Verhalten.	4	3	2	1
26.	Gravierende Disziplinkonflikte versuche ich kooperativ im Lehrerteam zu lösen.	4	3	2	1
27.	Im Werdeprozess von besonderen Disziplinproblemen nehme ich rechtzeitig Kontakt mit den Eltern auf.	4	3	2	1
28.	In gravierenden Fällen führe ich mit den Eltern ein Konfliktgespräch.	4	3	2	1
29.	Konfliktgespräche mit Eltern schließe ich mit einer Zielvereinbarung ab.	4	3	2	1
30.	Ich hole regelmäßig Schülerfeedback ein.	4	3	2	1

Addieren Sie die angekreuzten Zahlen.

Aus der Summe können Sie den Gütegrad Ihres Disziplinmanagements ersehen.

Der Maximalwert beträgt 120 und der Minimalwert 30.

Tragen Sie Ihr Ergebnis in die folgende Skala ein.

30…35….40…45…50…55…60…65…70…75…80…85…90…95…100…105…110…115…120

Um besser zu erkennen, wo Ihre Stärken und Schwächen liegen, können Sie die einzelnen Ankreuzungen miteinander zu einer Linie verbinden. Diese Darstellung nennt man Disziplinmanagement-Profil. Es weist den Weg zur Verhaltensänderung.

Zum Nachdenken

Einst fand eine Raupe eine Wiese voller goldener Blumen. Und weil sie so unersättlich war, wie es Raupen nur sein können, hatte sie im Nu die halbe Wiese leergefressen.

Das sah ein Bär, dem die Bienen seit jeher aus dem Pollen der Blumen einen köstlichen Honig bereiteten. Weil die Raupe nun aber schon die halbe Wiese weggefressen hatte, mangelte es ihm recht bald an seiner Leibspeise. Da sagte der Bär: «Raupe, such dir doch bitte ein anderes Feld. Mein Honig schwindet.» Die Raupe aber fraß unverdrossen weiter.

Der Bär wurde zornig und brüllte so laut, dass der Boden erbebte: «Raupe, du stiehlst mir meinen Honig! Halte ein, oder ich werde dich zerquetschen!» Die Raupe aber fraß unverdrossen weiter.

Nun begann der Bär zu toben und schlug mit seinen gewaltigen Pranken nach ihr. Statt das kleine, gefräßige Monster zu treffen, zerstörte er nur die goldenen Blumen.

Die Raupe aber fraß unverdrossen weiter.

Da erkannte der Bär, dass seine Wut ihm zu nichts Nütze war. Er grübelte, was er wohl tun könne, damit die Raupe nicht die ganze Wiese und damit den Quell des wunderbaren Honigs vernichte.

Endlich kam ihm eine Idee. Er begab sich zu der Wiese und begann, mit der Raupe zu reden. Er machte ihr klar, dass ihr Handeln Folgen hatte, für den Bär, für die Wiese, für die Bienen, aber auch für die Raupe selbst. Er zeigte ihr, wie sie ihre Fresssucht beherrschen könnte und erzählte ihr, wie schön ihre Welt sein könnte, wenn sie aufeinander Rücksicht nähmen. Vor allem aber nahm er sie ernst.

Die Raupe bemerkte, wie sehr sich der Bär bemühte. Da wurde es ihr zum ersten Mal in ihrem Leben warm um ihr Raupenherz. Anfangs verschwand bei jedem seiner Worte ein Blütenblatt in ihrem Maul. Nach einer Weile schluckte sie nur noch bei jedem Satz eines herunter, und schließlich nur noch dann, wenn der Bär sich des Abends zur Ruhe begab. Und endlich fand die Raupe, dass sie dem Bären mit ihrer Gefräßigkeit nicht mehr wehtun wollte.

Also zog sie sich zurück, um nachzudenken. Eines Morgens fand der Bär anstelle der Raupe einen silbernen Kokon. Und wenig später entstieg dieser Hülle ein prächtiger Schmetterling. Da freute sich der Bär über das zart schillernde Wesen, und der Schmetterling genoss den köstlichen Nektar, den er als Raupe dank seiner Gefräßigkeit nie gekostet hatte.

So hatte sich des Bären Geduld ausgezahlt: Anstelle eines verwüsteten Feldes und einer toten Raupe konnten sich nun beide an der Köstlichkeit von Nektar und Honig laben.

Der Bär erfreute sich zudem fortan an jedem Morgen über die Schönheit des dahinflatternden Schmetterlings.

http://www.igak.org/profil/fabel.shtml

8 Unterrichtliche Führungstipps kurz und bündig

Das folgende Handlungsrepertoire hat sich bei der Vorbeugung und Bewältigung von Unterrichtsstörungen als hilfreich und wirksam erwiesen. Es basiert auf Rückmeldungen von Lehrerinnen und Lehrern, bei denen ich nach Lehrerberatungen und Lehrertrainings eine Erfolgskontrolle durchgeführt habe.

- Verdeutlichen Sie am Schuljahresbeginn Ihre Leistungs- und Verhaltenserwartungen.

- Vereinbaren Sie mit der Klasse klare Regeln und fordern Sie diese konsequent ein.

- Geben Sie klare und verständliche Arbeitsaufträge und Verhaltensanweisungen.

- Sorgen Sie für einen kontinuierlichen Unterrichtsfluss, vermeiden Sie Leerlauf und unnötige Verzögerungen.

- Wechseln Sie rechtzeitig die Unterrichtsmethode und die Sozialform.

- Formulieren Sie Appelle so, dass in ihnen das gewünschte Positivverhalten zum Ausdruck kommt.

- Unterstreichen Sie Appelle durch entsprechende Gestik und Mimik.

- Ignorieren Sie kleinere Störungen oder stoppen Sie diese durch Warnsignale.

- Sprechen Sie bei aufkommender Unruhe leiser, stellen Sie Blickkontakt her und gehen Sie auf die Störquelle zu.

- Verteilen Sie die Aufmerksamkeit gleichmäßig und wechseln Sie immer mal wieder den Standort.

- Beziehen Sie möglichst alle Schülerinnen und Schüler in Ihren Unterricht ein.

- Achten Sie auf das Gleichgewicht zwischen anspannenden und entspannenden Unterrichtsphasen.

- Loben Sie einzelne Schülerinnen und Schüler sowie die Klasse für erwünschtes Verhalten.

- Formulieren Sie Kritik so, dass Schülerinnen und Schüler in ihrem Ehrgefühl nicht verletzt werden.

- Entspannen Sie Konfliktsituationen auch mit Schlagfertigkeit und Humor.

- Strafen Sie nur dann, wenn ein Schüler trotz Ermahnungen weiter stört oder wenn er eine Regel schwerwiegend verletzt.

- Strafen Sie möglichst unmittelbar und im angemessenen Verhältnis zum Fehlverhalten an.

- Erteilen Sie sinnvolle Strafen: produktive Lernaufgaben, Wiedergutmachung, Gemeinschaftsdienste, Auszeit, Privilegienentzug.

- Verhandeln Sie nicht über das Strafmaß.

- Entschuldigen Sie sich, wenn sich die Strafe im Nachhinein als ungerecht erweisen sollte.

Zum Nachdenken

Ein Esel, der mit Salz beladen war, musste durch einen Fluss waten. Er fiel hin und musste für einige Augenblicke in der kühlen Flut liegen. Beim Aufstehen fühlte er sich um einen großen Teil seiner Last erleichtert, weil das Salz im Wasser geschmolzen war. Langohr merkte sich diesen Vorteil und wandte ihn gleich an, als er, mit Schwämmen belastet, wieder durch diesen Fluss ging. Diesmal fiel er absichtlich nieder, sah sich aber arg getäuscht. Die Schwämme hatten nämlich das Wasser angesogen und waren bedeutend schwerer als vorher. Die Last war so groß, dass er erlag. Ein Mittel taugt nicht für alle Fälle.

Aus dem Irak

9 Literaturverzeichnis

Apel, H. J.: Herausforderung Schulklasse. Bad Heilbrunn: Klinkhardt 2002.

Bach, H./Knöbel R./Arenz-Morch, A./Rosner, A.: Verhaltensauffälligkeiten in der Schule. Statistik, Hintergründe und Folgen. Berlin: Marhold 1986.

Bastian, J./Combe, A./Langer, R.: Feedback-Methoden. Erprobte Konzepte, evaluierte Erfahrungen. Weinheim und Basel: Beltz 2005 (2. Aufl.).

Bauer, J.: Die Freiburger Schulstudie. SchulVerwaltung Baden-Württemberg, 12, 2004, 260–264.

Becker, G. E.: Lehrer lösen Konflikte. Handlungshilfe für den Schulalltag. Weinheim und Basel: Beltz 2006.

Berne, E.: Die Transaktions-Analyse in der Psychotherapie. Paderborn: Junfermann 2001 (2. Aufl.).

Blum, E./Blum, H. J.: Der Klassenrat. Ziele, Vorteile, Organisation. Mülheim: Verlag an der Ruhr 2006.

Bridges, E. M.: The incompetent teacher. The challenge and the response. Philadelphia: Palmer Press 1986.

Brophy, J. E.: Teaching. In: International Bureau of Education IBE (Ed.): Educational Practices Series. www.ibe.unesco.org Brussels 2000.

Bründel, H./Simon, E.: Die Trainingsraum-Methode. Umgang mit Unterrichtsstörungen: klare Regeln, klare Konsequenzen. Weinheim, Basel, Berlin: Beltz 2003.

Bueb, B.: Lob der Disziplin. Eine Streitschrift. Berlin: Ullstein 2006.

Diebold, S. (Hrsg.): Fundgrube Klassenlehrer. Berlin: Cornelsen Scriptor 2006.

Ehinger, W./Hennig, C.: Praxis der Lehrersupervision. Leitfaden für Lehrergruppen mit und ohne Supervisor. Weinheim und Basel: Beltz 1997 (2. Aufl.).

Fölling-Albers, M.: Schulkinder heute. Auswirkungen veränderter Kindheit auf Unterricht und Schulleben. Weinheim und Basel: Beltz 1992.

Ford, E.: Discipline for Home and School. Book One. Scottsdale: Brandt Publishing 1994.

Ford, E.: Discipline for Home and School. Book Two. Scottsdale: Brandt Publishing 1997.

Friedrich Jahresheft 20: Disziplin. Sinn schaffen – Rahmen geben – Konflikte bearbeiten. Seelze 2002.

Gage, N. L./Berliner, D. C.: Pädagogische Psychologie. Weinheim: Psychologie Verlags Union 1996 (5. Aufl.).

Göldner, H. D. (Hrsg.): Schwierige Schüler – was tun? Ein Ratgeber für die Unterrichtspraxis. München: Oldenbourg 2007 (3. Aufl.).

Göppel, R.: Lehrer, Schüler und Konflikte. Bad Heilbrunn: Klinkhardt 2007.

Hatto, C.: Das Klassenklima fördern. Berlin: Cornelsen Scriptor 2003.

Heidemann, R.: Körpersprache vor der Klasse. Ein Ratgeber für Lehrende. Wiebelsheim: Quelle und Meyer 2007 (8. Aufl.).

Helmke, A.: Unterrichtsqualität erfassen, bewerten, verbessern. Seelze: Kallmeyer 2003.

Hentig, H. v.: Vorwort in: Aries, P.: Geschichte der Kindheit. München: Hanser 1975.

Humpert, W./Dann, H. D.: KTM kompakt. Basistraining zur Störungsreduktion und Gewaltprävention. Bern: Huber 2001.

Keller, G.: Dümmer-frecher-fauler? Unser falsches Schülerbild und seine Konsequenzen. Donauwörth: Auer 2005 a.

Keller, G.: Lerntechniken von A bis Z. Infos, Übungen, Tipps. Bern: Huber 2005 b.

Klein, K.: KlassenlehrerIn sein. Das Handbuch. Strategien, Tipps, Praxishilfen. Mülheim: Verlag an der Ruhr 2006.

Kounin, J.: Techniken der Klassenführung. Münster: Waxmann 2006 (Reprint).

Krause, A.: Erhebung aufgabenbezogener Belastungen im Unterricht – ein Untersuchungskonzept. Zeitschrift für Arbeits- und Organisationspsychologie, 48, 2004, 139–147.

Krowatschek, D./Krowatschek, G./Wingert, G.: Disziplin im Klassenzimmer. Bewährtes und Neues: ein Erziehungsprogramm aus der Praxis. Lichtenau: AOL Verlag 2005.

Landwehr, N.: Grundlagen zum Aufbau einer Feedback-Kultur. Bern: h.e.p. 2003.

Lanig, J.: Gegen Chaos und Disziplinschwierigkeiten. Eigenverantwortung in der Klasse fördern. Mülheim: Verlag an der Ruhr 2004.

Lauth, G. W./Schlottke, P. F.: Training mit aufmerksamkeitsgestörten Kindern. Weinheim und Basel: Beltz 2002 (5. Aufl.).

Lohmann, G.: Mit Schülern klarkommen. Professioneller Umgang mit Unterrichtsstörungen und Disziplinkonflikten. Berlin: Cornelsen Scriptor 2003.

Mattes, W.: Routiniert planen – effizient unterrichten. Paderborn: Schöningh 2006.

Meichenbaum, D. H.: Methoden der Selbstinstruktion. In: Kanfer, F. H. / Goldstein, A. P.: Möglichkeiten der Verhaltensänderung. München: Urban & Schwarzenberg 1977.

Memmert, W.: Die Führung einer Schulklasse. Disziplinschwierigkeiten müssen nicht sein. München: Oldenbourg 2002 (2. Aufl.).

Mierke, K. F.: Konzentrationsfähigkeit und Konzentrationsschwäche. Bern: Huber 1957.

Mitschka, R.: Die Klasse als Team. Ein Wegweiser zum Sozialen Lernen in der Sekundarstufe. Linz: Veritas 1997.

Müller-Limmroth, W.: Die Arbeitsbelastung des Lehrers. Vortrag auf der Schulvertreterversammlung des Bezirks Stuttgart des Philologenverbandes am 15.11.1993 in Schwäbisch-Gmünd, zusammengefasst von W. Goericke in: Die Höhere Schule Nr. 12, 1993, S. 2 f.

Molnar, A. / Lindquist, B.: Verhaltensprobleme in der Schule. Dortmund: Borgmann 2006 (8. Aufl.).

Nissman, B. S.: Teacher-Tested Classroom Management Strategies. Upper Saddle River, Columbus: Pearson 2006.

Nolting, H. P.: Störungen in der Schulklasse. Ein Leitfaden zur Vorbeugung und Konfliktlösung. Weinheim und Basel: Beltz 2006 (7. Aufl.).

Pfitzner, M.: Kevin tötet mir den letzten Nerv. Vom Umgang mit Unterrichtsstörungen. Baltmannsweiler: Schneider 2007 (2. Aufl.).

Raumer, K. v.: Geschichte der Pädagogik vom Wiederaufblühen klassischer Studien bis auf unsere Zeit. Zweiter Teil. Gütersloh: Bertelsmann 1889.

Redlich, A./Schley, W.: Kooperative Verhaltensmodifikation im Unterricht. München: Urban & Schwarzenberg 1981.

Rheinberg, F./Hoss, J.: Störungen und Mitarbeit im Unterricht. Eine Erkundungsstudie zu Kounins Kategorisierung des Lehrerverhaltens. Zeitschrift für Entwicklungspsychologie und Pädagogische Psychologie, 11, 1979, 244–249.

Rüedi, J.: Disziplin in der Schule. Plädoyer für ein antinomisches Verständnis von Disziplin und Klassenführung. Bern: Haupt 2007 (3. Aufl.).

Rutter, M./Maughan, B./Mortimer, P./Ouston, J.: Fünfzehntausend Stunden – Schulen und ihre Wirkungen auf Kinder. Weinheim und Basel: Beltz 1980.

Satow, L.: Klassenklima und Selbstwirksamkeitsentwicklung. Eine Längsschnittstudie in der Sekundarstufe I. Dissertation am Fachbereich Erziehungswissenschaft und Psychologie der Freien Universität Berlin 1999.

Schaarschmidt, U. (Hrsg.): Halbtagsjobber? Psychische Gesundheit im Lehrerberuf – Analyse eines veränderungsbedürftigen Zustandes. Weinheim und Basel: Beltz 2004.

Schermer, F. J.: Operantes Lernen. In: Rost, D.H. (Hrsg.): Handwörterbuch Pädagogische Psychologie. Weinheim und Basel: Beltz 2006 (3. Aufl.).

Schubarth, W. u. a. (Hrsg.): Gewalt an Schulen. Ausmaß, Bedingungen und Prävention. Opladen: Verlag für Sozialwissenschaften 1996.

Steinhausen, C.: Das konzentrationsgestörte und hyperaktive Kind. Stuttgart: Kohlhammer 1982.

Steyer, H.: Ursachen von Unterrichtsstörungen. Chemnitz: Technische Universität 2005.

Tausch, A.-M.: Besondere Erziehungssituationen des praktischen Schulunterrichts. Häufigkeit, Veranlassung und Art ihrer Lösung durch Lehrer. Eine empirische Untersuchung. Zeitschrift für Experimentelle und Angewandte Psychologie, 5, 1958, 657–686.

Thalmann, H. C.: Verhaltensstörungen bei Kindern im Grundschulalter. Stuttgart: Klett 1964.

Toman, H.: Classroom-Management. Praxishilfen für das Classroom-Management. Baltmannsweiler: Schneider 2007.

Tücke, M.: Psychologie in der Schule – Psychologie für die Schule. Eine themenzentrierte Einführung in die Pädagogische Psychologie für (zukünftige) Lehrer. Münster: LIT 2005 (4. Aufl.).

Wagner, I.: Aufmerksamkeitsförderung im Unterricht. Frankfurt: Lang 1984.

Wilde, D.: Classroom Management – die Klasse erfolgreich führen. Grundschule, 2, 2005, 10–15.

Winkel, R.: Der gestörte Unterricht. Diagnostische und therapeutische Möglichkeiten. Baltmannsweiler: Schneider 2006 (8. Aufl.).

10 Internetadressen

http://bebis.cidsnet.de/weiterbildung/sps/allgemein/bausteine/ stoerungen/index.htm

Es wird aufgezeigt, wie Unterrichtsstörungen verursacht werden und welche Präventions- und Handlungsmöglichkeiten dem Schulpraktiker zur Verfügung stehen.

http://ius.uni-klu.ac.at/projekte/ldk/

Der «Linzer Diagnosebogen zu Klassenführung» (LDK) entstand aus Forschungen zum Klassenmanagement und aus praktischen Erfahrungen in der Lehrerbildung. Er ist speziell für Lehramtsstudierende und Lehrer/innen gedacht, die sich mit seiner Hilfe Klarheit über ihr pädagogisches Handeln verschaffen möchten, um dieses weiter zu entwickeln. Der LDK eignet sich auch als Forschungsinstrument, das es erlaubt, auf ökonomische Weise pädagogisch relevante Aspekte des Führungsverhaltens von Lehrer/innen zu erfassen.

http://disziplin.ch

Es wird über Unterrichtsdisziplin und Klassenführung in Theorie und Praxis informiert. Man erhält auch hilfreiche Materialien zum Herunterladen und Hinweise auf Weiterbildungsveranstaltungen.

http://pz.bildung-rp.de/pn/pb2_02/verhaltensauffaelligeschueler.htm

Verhaltensauffällige Schüler werden aus systemischer Sicht betrachtet.

http://www.guterunterricht.de

Lehrer-Profis und Referendare erhalten zahlreiche Hilfen und Tipps zu Fragen und Problemen aus dem Unterrichtsalltag.

http://www.trainingsraum.de

Schulpraktiker erfahren, was die Ziele des Trainingsraum-Programms sind, wie die Wege zum störungsfreien Lernen konkret aussehen und welche Wirkungen erzielt werden können.

http://www.trainingsraum-methode.de
Hauptinhalte sind die regulatorischen Grundlagen der Trainingsraum-Methode, Schritte des Implementierungsprozesses und die Kooperation mit dem Elternhaus.

http://www.unterrichtsstörungen.de
Es wird dargelegt, was man unter Unterrichtsstörungen versteht, in welchen Erscheinungsformen sie zu Tage treten, wodurch sie verursacht werden und welche Handlungsmöglichkeiten es gibt.